ESTA HISTORIA
APESTA

ALEJANDRA HERNÁNDEZ

@tcuentounahistoria

ESTA HISTORIA
APESTA

**ANÉCDOTAS DE MIERDA QUE HAN
MARCADO A LA HUMANIDAD**

HarperCollins

Editado por HarperCollins Ibérica, S. A.
Avenida de Burgos, 8B - Planta 18
28036 Madrid

Esta historia apesta. Anécdotas de mierda que han marcado a la humanidad
© 2023, Alejandra Hernández Plaza
© 2023, para esta edición HarperCollins Ibérica, S. A.

Diseño de cubierta: CalderónSTUDIO®
Ilustración de cubierta: CalderónSTUDIO®, adaptación de la obra *Retrato de Isabel II* de Federico de Madrazo vía Signal Photos / Alamy
(Obra original en el dominio público)
Ilustraciones de interiores: Isabel Plaza Vivancos
Foto de solapa: facilitada por la autora
Maquetación: MT Color & Diseño, S. L.

ISBN: 978-84-9139-909-4
Depósito legal: M-7119-2023

*A mi padre, por contagiarme su pasión
por la historia y enseñarme a disfrutar de ella*

ÍNDICE

PRÓLOGO

M e atrevería a afirmar que la mayoría de los que os aventuráis a leer las historias que inundan las siguientes páginas tenéis en este momento la idea preconcebida de que la gente del pasado era una auténtica guarra. En cierto modo, y salvando pequeñas excepciones, esa idea también rondaba por mi mente, y mi visión general de las costumbres higiénicas de nuestros ancestros era realmente negativa. Hasta que me puse a investigar a fondo para la elaboración de este libro. Ahora, escribiendo este prólogo y tras haber puesto punto y final al compendio de anécdotas que dan forma a *Esta historia apesta*, esa imagen no ha cambiado respecto a ciertas épocas o lugares, podría decir que incluso ha empeorado, pero la percepción es sin duda alguna más amplia y amable hacia otras que han estado revestidas de un marrón caca durante siglos.

Si algo debemos tener claro, es que el concepto de higiene es amplio y versátil, una palabra interpretada de forma diferente según el momento histórico y la civilización en la que nos encontremos. Actualmente, también es entendida de múltiples maneras, lo que hace que ciertas costumbres de nuestros vecinos asiáticos, por poner un ejemplo, las entendamos más como marranería que como parte de su cultura. Dicha sensación o percepción es la que podemos sentir perfectamente con la higiene en ciertos momentos del pasado. Que la idea de vivir en un fangoso pueblo medieval o tener que plantar un pino en una letrina compartida mientras hablas del tiempo asome sutilmente por nuestras mentes nos produce un estupor y rechazo incontrolables.

Sus costumbres no son las nuestras, y mientras que ahora nos echamos las manos a la cabeza al leerlas, en su momento se ponían pines de gloria por los avances conseguidos. Unos pines relucientes que iban a parar a la solapa de unos pocos culturetas y entendidos, porque ¿estaba la población conforme con las soluciones propuestas? ¿Se sentían cómodos con el olor a sobaquillo? ¿O caminando siempre sobre barro? ¿O metiéndose entre pecho y espalda potingues de lo más nauseabundo para acabar con ciertas enfermedades? Desde luego, fácil y sencillo y para toda la familia no tuvo que ser, por lo que os invito a valorar el percal por vosotros mismos.

1

SETECIENTAS BURRAS AL DÍA PARA TENER CONTENTA A CLEOPATRA

EVITAD EL BAÑO EN LECHE, DEL TIPO QUE SEA.
YO SÉ QUE A MUCHOS OS PUEDE HACER ILUSIÓN
MARCAROS UN «CLEOPATRA» EN TODA REGLA, PERO,
AUNQUE ES ANTIOXIDANTE, ABRE LOS POROS, HIDRATA LA PIEL,
LA DEJA SUAVE Y SEDOSA Y UN SINFÍN DE BENEFICIOS MÁS,
¡NO ES PARA NADA *ANIMAL-FRIENDLY*!

C omo ya habrá tiempo después para una ingente cantidad de marranerías históricas, voy a empezar por la civilización que se podría llevar el Óscar, el Globo de Oro, el Goya y algún que otro premio más a la más limpia de todos los tiempos: la civilización egipcia. Porque ¿a quién no le va a gustar un aseado egipcio del segundo milenio antes de Cristo, ¿eh? ¿A quién no le va a gustar? ¡Hasta Heródoto cayó rendido a la escrupulosidad que los caracterizó! Quedó cautivado con que fregasen los vasos cada vez que bebían de uno de ellos, lavasen la ropa que se ponían cada día y se aseasen por la mañana, antes y después de comer y previamente al culto. Y esto es solo la punta del iceberg, porque estuvieron literalmente obsesionados con la higiene, con echarse por encima todos los potingues que encontraban a su paso o recomendaba el papiro de moda. Eso sí, todo a título personal. El tema de cuidar la limpieza de sus ciudades no lo tuvieron tan presente. Bienvenidos al capítulo con los protagonistas más extremadamente limpios de *Esta historia apesta.*

CÓMO QUERERSE A UNO MISMO SEGÚN LOS EGIPCIOS

Siguiendo al pie del jeroglífico lo dicho en el *Libro de los muertos*, ningún difunto podría formular palabra alguna en la otra vida si no llegaba a ella como los chorros del oro, es decir, bien *límpico*, vestido con ropa fresca, con el ojo pintado como una puerta, con el pie calzado en sandalias, al fresco y perfumado con mirra y aceites. Si se pusieron así de exquisitos con los muertos, imaginad con los vivos. De hecho, podemos asegurar que los egipcios fueron personas muy conscientes de las enfermedades que los rodeaban y de cómo combatirlas, por lo que no es de extrañar que el amor y el cuidado hacia uno mismo tuvieran parte de la culpa del éxito de su supervivencia como civilización por los siglos de los siglos y los milenios de los milenios.

Y para poder hacernos una idea de hasta qué punto cuidaron su higiene personal, voy a hacer un repaso por algunas de sus rutinas de *self care* más destacadas y que fueron puestas en práctica por algunos de los faraones con mayor presencia histórica en la posteridad. No dudo, además, de que tuvieron como libro de cabecera alguno de los numerosos papiros sobre medicina e higiene que se escribieron en la época, como el papiro Ebers, el de Edwin

Smith o el de Erman (los tres de mediados del II milenio a.C.), cargados de truquitos que hoy en día estarían más que cotizados por las influencers del momento.

Empecemos por el baño, una actividad diaria que muchos egipcios realizaban incluso dos o tres veces en una misma jornada y que seguro que habéis visualizado en forma de Cleopatra y la leche de burra. Y sí, llegaré hasta ese icónico momento, pero antes, un repaso por la simple e importante acción de dejarse caer el agua por el cuerpo, que a los dioses había que tenerlos contentos. Si bien la mayoría de los ciudadanos de clase alta y los faraones disponían de una estancia privada cerca de los dormitorios para darse un remojón al día, los miles de habitantes restantes del antiguo Egipto no tenían más remedio que recurrir al río Nilo, cuyas aguas no siempre eran cristalinas y seguras, o tirar de palangana si estaban perezosos. Pero ese baño mañanero no les valía si el plan del día era visitar un templo, por lo que en los caminos que llevaban hacia estos lugares sagrados se podían encontrar unas pequeñas piscinas de agua fría para que los peregrinos se aseasen antes de su llegada. Con todo, recuerdo el tema de la arena y la solanera que sufrían a diario y aprovecho para informar del uso del Nilo como depósito de aguas residuales que les provocaban numerosas infecciones; por lo que agua se dejaban caer, pero muy limpia no siempre estaba. Nos quedamos con que la intención es lo que cuenta.

Volvamos a las clases altas y sus cómodas chozas provistas de zona de aseo. En ellas, los sirvientes cargaban con litros y litros de agua para llenar las bañeras o aprovechaban para hacer bíceps volcando delicadamente los recipientes a modo de ducha. Como el jabón, tal y como lo conocemos hoy en día, no existía, limpiaban la mugre de su cuerpo con una mezcla de natrón, cenizas y arcilla que no producía demasiada espuma, pero daba el pego. La más pija del lugar, la gran Cleopatra VII (69-30 a.C.), parece que llevó el culto al cuerpo de sus antepasados hasta su máxima expresión. Una mujer inteligente, astuta, de gran valentía y presencia que, desgraciadamente, algunos solo recuerdan por sus numerosos romances, su trágico suicidio o los baños diarios que se daba en leche de burra. Y es que hay que reconocer que esto último es llamativo.

Con todo, la historiografía posterior ha sido un tanto exagerada y pesada con el tema, más que nada porque se ha llegado a asegurar que se ordeñaban en torno a setecientas burras al día para poder llenar la bañera en la que Cleopatra ponía a remojo su cuerpo serrano. Vamos, que, de ser así, no solo estaríamos ante un caso de explotación animal, sino que habrían dejado a las pobres más secas que la mojama. Por otra parte, hay que tener en cuenta que las burras no producen grandes cantidades de leche y solo lo hacen unos meses al año, cuando están en época de cría. Quizá por eso fue considerada casi un elixir de belleza solo al alcance de una gran faraona y algún que otro ricachón o ricachona más. Algo difícil de negar si consultamos a historiadores como Heródoto (siglo v a.C.) o Plinio el Viejo (siglo

I a. C.), quienes destacaron sus beneficios para paliar problemas o malestares ginecológicos, dolores articulares, fiebres, dientes débiles o las históricamente odiadas arrugas de la cara. El porqué de sus beneficios lo encontramos en un componente concreto, el ácido láctico, que las leches agrias producen a partir de la lactosa y cuyo uso en cosmética se ha mantenido hasta la actualidad, estando presente en multitud de rutinas de belleza mañaneras. La leche de burra como tal también se vende, pero es muy cara. Ya sabéis, solo apta para el pijerío más selecto.

Cleopatra sí que es una verdadera influencer

Sobre todo teniendo en cuenta que su truquito de belleza más famoso ha sido aplicado y seguido por muchas otras mujeres, y algún que otro hombre a lo largo de la historia, hasta la actualidad. Algunas de estas *followers* fueron y son personajes muy destacados de nuestro pasado y presente. Popea Sabina, esposa del emperador romano Nerón, fue una de ellas, y su historia, mucho más exagerada que la de Cleopatra, ya que en todos sus viajes se hacía acompañar supuestamente por un séquito de unas 1000 burras en plena producción de leche porque estaban recién paridas. La hermana de Napoleón Bonaparte, Paulina, también cayó rendida a los beneficios de este producto tan natural, aunque al parecer no lo hizo con extravagantes baños, sino más bien en formato crema o ungüento. Más de actualidad es la confesión que la cantante Mariah Carey hizo a los medios en 2018, cuando reconoció que de vez en cuando se bañaba en leche para hidratar, tersar y aportar luminosidad a la piel. En definitiva, un remedio que, como su canción navideña, nunca pasa de moda.

A pesar de su fama, estos baños no fueron el único truquito que Cleopatra aplicó en su rutina de belleza diaria, sino que la complementó añadiendo a la leche aceite de almendras y miel para que la piel quedase todavía más radiante. También acostumbraba a embadurnarse en barro del mar Muerto (una moda todavía muy extendida) y rozar el límite de lo verdaderamente asqueroso al utilizar excrementos de cocodrilo para tonificar sus músculos. Que me desmientan los especialistas, pero pongo la mano en el fuego a que esto último no le sirvió de absolutamente nada, excepto para desprender un olor nauseabundo. Aunque cabe decir que el papiro Ebers recomendaba la grasa, que no la caca de cocodrilo, para tratar la calvicie; pero eso lo veremos unas líneas más abajo. En definitiva, que Cleopatra tuvo que quererse muchísimo a sí misma para emplear tal cantidad de tiempo y remedios tan extravagantes en el cuidado y enriquecimiento personal e intelectual, dejándonos en la actualidad la estela no solo de un olor demasiado agradable para la época, sino también de una personalidad arrolladora.

Se ve que Hatshepsut, que gobernó unos cuantos siglos antes, no conocía todavía los beneficios de bañarse en leche de burra, por lo que la famosa reina-faraón de la dinastía XVIII tuvo como productos estrella para el cuidado de su higiene personal los ungüentos y perfumes. Su preferido fue, precisamente, el recomendado por el *Libro de los muertos* para pasar a mejor vida: la mirra. Y ojo a la manera tan peculiar que tuvo de usarla: se untaba la planta de los pies con el producto para así ir dejando un rastro de olor a su paso. Vamos, que lo de echarse unas gotitas en las muñecas y tras las orejas está sobrevalorado. Además, parece que los beneficios de usar ungüentos realizados a base de mirra no solo contribuían al bienestar olfativo de la alta sociedad egipcia, sino que está demostrado que estimulaban el sistema inmunitario y actuaban a modo de pomada antiséptica para esos talones agrietados que nadie quiere mostrar en público. Hablando de pomadas, entre todos los pequeños botecitos que se encontraron en torno a su tumba, uno en concreto llamó la atención por contener restos de lo que, tras el análisis en laboratorio, resultó ser una pomada para los eccemas que la reina debió padecer. Y es que hay que reconocer que mantener una piel sana en un clima tan severo como el egipcio tuvo que ser muy engorroso.

Por cierto, que su momia fue encontrada con algún que otro diente de menos y todos bien guardados junto al resto de sus entrañas; y eso que los antiguos egipcios pusieron a la higiene bucal en su top 5 del cuidado de la salud. Quizá por ello y porque no ingerían alimentos demasiado azucarados, no tuvieron problemas importantes con las caries. Se limpiaban casi a diario la dentadura utilizando un pequeño palo o ramita a modo de seda dental previamente masticado y embadurnado en una pasta hecha a partir de las raíces de diferentes plantas. Todos estos consejos venían dados por el papiro Ebers, que, además, recomendaba específicamente a las mujeres complementar esta rutina con la frecuente mascadura de bolitas de incienso o mirra; y yo me sé de una que, con la afición que tenía a esta resina, seguro que siguió esta recomendación al pie de la letra.

Con todo, y a pesar de los esfuerzos mostrados, el verdadero problema bucal de los antiguos egipcios vino dado por su aliento. Es cierto que no todos tuvieron por qué sufrir de una fuerte halitosis, pero teniendo en cuenta que su alimentación estuvo compuesta por abundante rábano, ajo y cebolla, poco les faltó. Si no llega a ser por el enjuague bucal a base de natrón disuelto en agua que utilizaron con toda la asiduidad posible, no hubieran sido capaces de mantener una conversación sin provocarle un desmayo inmediato a la persona que tenían delante. Solo con imaginarlo, me estoy mareando hasta yo. Ah, se me olvidaba que, a pesar de todos los mejunjes que se metían en la boca, hubo alguno que no consiguió poner freno a los problemas dentales. El mismísimo Ramsés II, faraón de la dinastía XIX, murió probablemente a causa de varios abscesos en los dientes y una gingivitis tremenda. Aunque también hay que tener en cuenta que dichos contratiempos de salud le pillaron con noventa años entre pecho y espalda, por lo que el pobre hombre no estaba para bromas.

Por último, y antes de pasar a la depilación y el afeitado que tanto practicaron los egipcios, un superconsejito para esos días en los que no te da tiempo a pringarte de ungüentos y perfumes para que tu cuerpo no huela a alcantarillado y necesitas algo rápido que echarte en las traicioneras axilas: la receta del desodorante egipcio. Bueno, en realidad debería decir recetas, porque la gran cantidad de ellas que han dejado papiros como el de Ebers (otra vez) y el de Hearst hace difícil decantarse por una sola. Con todo, la más citada es la solución en forma de masa hecha a base de resina de terebinto, y que recomendaban colocar en forma de pequeñas bolas en todos aquellos lugares del cuerpo que presentaran pliegues. Además, era importante dejarlas actuar durante cuatro días, por lo que supongo que más efectivas que el desodorante actual tuvieron que ser. Si no era así, y se perdía su efecto al segundo o tercer día, las mujeres egipcias tenían otra solución escondida bajo la manga, puesto que a menudo se colocaban sobre la peluca un cono de grasa de perfume que durante la jornada se iba deshaciendo y embadurnaba su cuerpo con el olor elegido para cada ocasión. Puede parecer una buena idea, pero acababan con la cabeza y el cuerpo empapado en grasa, una sensación que no debió ser nada agradable.

Pelo aquí y pelo allá, depílate, depílate...

O córtate el pelo, porque los antiguos egipcios gustaron más de llevar el cabello rasurado o muy corto con el objetivo de ir con el cogote al fresco, sin pelos cayéndoles por la cara y, ojo al dato, para evitar que unos bichitos nada amigables como son los piojos encontrasen el hogar perfecto en sus cabezas. Pero dejando a un lado estos motivos prácticos, estamos ante una moda totalmente implantada y extendida en Egipto a lo largo de generaciones. Tanto hombres como mujeres de clase media y alta invirtieron importantes cantidades de su tiempo en depilarse hasta el último pelo que cubría su cuerpo, para después ponerse pelucas de cabello natural o barbas postizas, todo muy coherente. Según Heródoto, los propios lugareños le confesaron que este truquito les permitía tener unos cráneos bien recios como consecuencia de que les diese el *lorenzo* en la cabeza desde jovencitos. Los hombres solían acudir a los barberos para el afeitado, un trabajo de los mejor considerados socialmente en aquella época. Pero para aquellos que lo querían hacer en la privacidad de sus hogares, los papiros citados más arriba mencionaban diferentes remedios caseros para conseguir ese deseado y pulido afeitado. Algunos de ellos bien sencillos, como cremas depilatorias a base de cal viva y cera de abeja, y, para paliar la irritación posterior, aceites perfumados —cómo no— y otros un tanto más complicados de digerir, a saber, caca de moscas, huesos de pájaro hervidos o la joya de la corona: sangre de vulva de perra. En fin, no lo veo claro, la verdad.

El colmo de la coherencia en torno a esta práctica depilatoria lo encontramos en la tradición masculina de dejar crecer pelo y barba sin control alguno cuando algún familiar cercano había fallecido, es decir, en señal de duelo. En cambio, si el miembro de la familia que había pasado a mejor vida era la mascota, la cosa cambiaba. Tal y como sigue contando Heródoto, que pongo la mano en el fuego a que tuvo que flipar en colores durante su estancia en Egipto, la muerte del perro conllevaba la depilación de todo el cuerpo, mientras que la del gato solo obligaba a rasurarse las cejas. Por su parte, los sacerdotes también tuvieron sus propias manías en torno al vello corporal, más que nada porque para entrar a los templos, su lugar de trabajo, era más que obligatorio no tener ni un pelo de tonto en todo el cuerpo.

He mentido, el colmo de las costumbres capilares egipcias viene dado por los remedios aportados en el papiro Ebers para luchar contra la alopecia o cubrir las canas que podían asomar el morro por sus negras cabelleras. Para esto último se aconsejaba sangre de becerro negro y, para la calvicie, placenta de gata. Así que concluyo asegurando que ¡no hay quien entienda a estos egipcios!

SE VIENE UN POQUITO DE IGUALDAD LABORAL

Hubo un tiempo muy lejano en el que los varones y las mujeres podían realizar el mismo trabajo sin poner en duda la hombría de los primeros ni la valía de las segundas. Ese tiempo fue el antiguo Egipto, y uno de esos trabajos, la medicina. Un campo del saber en el que destacaron dos mujeres, Merit-Ptah y Peseshet, que desarrollaron su carrera profesional durante la primera mitad del III milenio a. C. La Meri y la Pese, para los amigos, son consideradas las primeras médicas de las que se tiene constancia en la historia, y aunque muchos hayan dudado de su mera existencia, lo cierto es que algunas de las inscripciones en las que aparecen sus nombres las relacionan directamente con la medicina. Así, la Meri parece que ejerció la función de «doctora jefe», mientras que la Pese se especializó en ginecología y ejerció como partera. Titulada como «dama supervisora de las médicas», estudió en el templo-escuela de Sais, ubicado en la ciudad del mismo nombre y a donde muchas otras mujeres del antiguo Egipto se dirigieron para formarse como expertas en obstetricia y ginecología.

La excepción higiénica a la regla

Esa excepción estuvo protagonizada por las congestionadas ciudades del antiguo Egipto, que, entre una cosa y otra, no daban abasto para acoger a la población, así que lo de pensar en mantenerlas limpias se quedó en la teoría, porque en la práctica brilló por su ausencia.

Salvo excepciones muy concretas en las que las ciudades surgieron como fundaciones reales y partieron de un plano urbanístico ortogonal, esto es, ordenado y meditado, la mayoría de las urbes egipcias tendieron al hacinamiento más absoluto. De hecho, el protagonismo lo tuvieron las calles sucias y tortuosas sin ningún tipo de organización o estructura, inundadas de casas (algunas de varios pisos) en las que convivían no solo personas, sino también animales y numerosos parásitos que se ponían las botas con los desperdicios humanos que se generaban en ellas. Tened en cuenta que en algunas, las más importantes, pudieron llegar a vivir hasta 50 000 personas, mucha tela para la época de la historia en la que nos estamos moviendo. Y todo ello en una zona geográfica en la que masticabas casi más arena que alimentos, con unas temperaturas abrasadoras que hacían que el desodorante se partiera de risa cada vez que lo usaban y teniendo como vecino estrella al río Nilo, donde los mosquitos y demás insectos indeseables hacían de las suyas.

Os podéis imaginar que la atmósfera estuvo cargadita y los olores fueron los verdaderos protagonistas. Tanto, que se dejó testimonio de ellos por escrito, pudiendo diferenciar la clase social de la que provenían los mismos e intentando aportar algunas soluciones que hicieron honor al refrán «es peor el remedio que la enfermedad», sobre todo en las zonas más humildes. Básicamente, porque todos los inciensos y ungüentos que papiros como el de Ebers recomendaron para ello, creo que empeoraron las cosas; tuvo que ser algo como echar la suciedad debajo de la alfombra para que no se vea. La intención era buena, pero los resultados no tanto.

Así, para intentar que las diminutas viviendas en las que habitaban familias completas tuvieran un olor medianamente agradable, se proponía poner al fuego una masa hecha a partir de olíbano seco, resina de terebinto y pepitas de melón, entre otros múltiples ingredientes, que debían dejar un aroma estupendo. Como aquella masa solo era usada a modo de ambientador y no tenía ningún efecto sobre roedores o pulgas, los papiros añadieron una solución más para esos indeseables compañeros de piso a modo de insecticidas o «venenos». Para ratoncillos y ratas, lo mejor era embadurnar las paredes y utensilios con grasa de gato…, como lo lees. Para las pulgas, algo menos vomitivo: rociar la vivienda con una solución a base de agua con natrón. En cuanto a los desperdicios propios de los humanos, los egipcios realizaron un primitivo «¡agua va!» volcando a la vía pública el contenido de su bacín y llegando a acumular montañas de residuos en ciertos puntos de las estrechas calles. Para el tema de los excrementos fueron algo más apañados e, incluyendo los de los numerosos animales con los que convivían, los usaron para hacer, ¡atención!…, fuego. Se ponían a secar mezclados con arena en lo alto de las casas y cuando el mejunje estaba listo hacía las veces de combustible. Y aunque la mierda se expusiera así, sin ningún pudor, el tema de hacer caca era algo muy íntimo que se hacía en privado y en interiores. Quizá por ello Heródoto vuelve a hacerse el sorprendido al comprobar que comían y pasaban la mayor parte del tiempo fuera de las viviendas, pues dentro el olor debía ser algo insoportable.

Ahora bien, después de leer todo esto que acabo de contar, quizá pensaréis que tampoco estamos ante la civilización más limpia de todos los tiempos. Bueno, eso visto desde los ojos de una persona del siglo XXI. Pero el simple hecho de que conservemos tal ingente cantidad de papiros destinados al cuidado de la higiene, la salud y la urbanidad ya hace que se merezcan el título. Oye, quién sabe con qué ojos nos mirarán los habitantes del futuro…

2

DE CUANDO LOS ROMANOS SOLUCIONABAN EL MUNDO HACIENDO CACA

PARA LLEGAR A ROMA, MEJOR QUE LOS CAMINOS, TOMAR LAS CLOACAS. EL AMBIENTE ESTARÁ ALGO CARGADO, PERO TE ASEGURAS PROTECCIÓN ANTE FENÓMENOS ATMOSFÉRICOS ADVERSOS... SON TODO VENTAJAS.

Ciertamente, no debieron ser lugares muy agradables, pues hasta ellas descendía la mierda sin un ápice de descanso. Los romanos serían grandes políticos, militares, estrategas, ingenieros y arquitectos, pero cagaban como todo el mundo. Y, aunque evacuaban sentados en algo comparable a una taza de váter, lo hacían de una manera que hoy ha desaparecido por completo: en grupo, por lo que se convirtió en el lugar ideal para expulsar del cuerpo todo lo que podía perturbarlos, tanto de forma mental como intestinal.

Personalmente, es un tema que me resulta más que interesante, no tanto por las boñigas que los romanos pudieran echar por su anticuado trasero, sino por el tiempo que dedicaban a establecer largas conversaciones y lazos sociales en estos lugares. Y os voy a contar el porqué de mi afición. Andaba yo trabajando como profesora de Historia de Madrid con jubilados, cuando durante una de las excursiones que les organicé, visitamos el yacimiento romano de Complutum y la Casa de Hippolytus (Alcalá de Henares). En aquel interesante lugar, y mientras admirábamos una de las letrinas que conservan, un guía muy apuesto y puesto en el tema nos habló de su función social y de todas las monedas, joyas y demás pertenencias personales que los arqueólogos encontraron en estos excusados, porque durante el tiempo que estuvieron en uso caían diariamente por los desagües. Fue entonces cuando me pregunté el tiempo que pasarían los romanos en estos espacios públicos y la cantidad de cotilleos y conversaciones que allí se intercambiarían, así como la multitud de negocios que cerrarían con un truño colgando del pompis.

EL CAGAR NO OCUPA LUGAR

Entre los romanos de la Antigüedad había un importante número de ociosos; mayormente, privilegiados patricios, gentes sin nada que hacer en su día a día que podían llegar a suponer un peligro para el Estado si disponían de demasiado tiempo para pensar. Por ello, crear espacios en los que pudieran pasar largas horas socializando fue un objetivo primordial para los diferentes gobiernos romanos desde la República. Si a esto sumamos la necesidad de construir adecuadas y eficientes redes públicas de saneamiento, sobre todo en las ciudades más pobladas y territorialmente extensas, las termas se convirtieron en las grandes aliadas al ofrecer numerosos servicios de ocio y relajación para estos «ninis» de la época, a la par que participaban del mantenimiento de la higiene entre los ciudadanos. Es decir, que ir al baño se convirtió para ellos en la perfecta combinación entre higienización y socialización.

Es dentro de estos enormes edificios donde se ubicaron y se han encontrado el mayor número de letrinas. Claro, si pasaban tanto tiempo allí dentro, el apretón les sobrevenía seguro en algún momento. Pero antes de adentrarnos en este indiscreto mundo de los baños, voy a ponerme en modo filóloga para hablaros del origen de la palabra *letrina*, porque, como era de esperar, proviene del latín, de la palabra *latrina*, que, a su vez, surge como contracción de *lavatrina*. Este último término se empleó durante la antigua Roma para designar una pequeña estancia, normalmente ubicada junto a la cocina (*culina*), donde iban a parar todas las aguas residuales de las viviendas. Es decir, el lugar idóneo para plantar un pino cuando sobreviniese la llamada de la naturaleza, pues disponían de agua corriente que se calentaba un poco por la cercanía de los hornos y, al fin y al cabo, tampoco iban a empeorar demasiado el estado y olor de la misma.

Ahora bien, esta estancia, a pesar de no estar precisamente inundada de lujo y esplendor, era una de las muchas comodidades que solo las familias más pudientes y residentes en la *domus* de rigor podían permitirse. El resto de los mortales debía hacer uso de las letrinas públicas, conocidas como *foricae* e instaladas en las termas, mercados o en calles donde confluían numerosas *tabernae* (que ya sabemos lo que pasa después de dos copitas de vino). Otra opción era la de recurrir al siempre socorrido recipiente en el que se vertían toda clase de desechos, no solo humanos. Un recipiente que de cuando en cuando estos plebeyos tiraban por las ventanas de sus *insulae* sin pensar en los transeúntes que pasaban por la calle. Como muchas otras cosas, el «¡agua va!» ya lo inventaron los romanos. Tampoco ensuciaban mucho más las calles de Roma, por poner como ejemplo a la ciudad más importante y poblada. Desde tiempos remotos, las vías de la capital imperial se convirtieron en una suerte de vertederos comunitarios en los que el barro, el sudor y la comida podrida disfrutaban de un lugar privilegiado. Por este motivo, intentar mantener la higiene ciudadana fue una cuestión de primer orden, y la necesidad de disponer de un sistema de aguas negras que permitiese eliminar rápidamente los desechos de las urbes se presentó ante los romanos como algo casi tan importante como abastecer a la población de agua potable, y así aparecieron en escena nuestras amigas las cloacas.

Si bien ya se construyeron redes cloacales primitivas durante el cuarto milenio a. C. en las zonas urbanas del actual Irán, las llevadas a cabo por los antiguos romanos marcaron un antes y un después en este tipo de infraestructuras, dada su monumentalidad e innovadora ingeniería. El primero de estos sistemas de alcantarillado levantados en Roma data de época monárquica (753-509 a. C.), concretamente durante el reinado de uno de los «tarquinos», Tarquinio el Viejo, que quizá tuviera pinta de abuelete, pero mantuvo la mente fresca y se esmeró en que la ciudad dispusiese de un sistema de estrechos canales al aire por los que circulaba agua corriente y que llevaban los residuos fecales —o no— hasta el arroyo o río más cercano. Estas cloacas fueron evolucionando hasta la conocida como Cloaca Máxima, cuya construcción parece que finalizó en el siglo II a. C. y permitió trasladar al subsuelo el agua caduca. El sistema, además, fue monumentalizado, y de pequeños canales pasó a estar compuesto por imponentes galerías subterráneas de techumbres abovedadas, tan espaciosas que una persona se ponía de pie en su interior fácilmente (y que permitió las inspecciones técnicas en barca que se hicieron posteriormente, como la de Agripa en el año 33 a. C., nombrado *curator aquarum* de la ciudad de Roma).

Esta cloaca principal y monumental desembocaba en un río que vivió momentos de verdadera contaminación, el Tíber, el cual recibía las aguas residuales de otros numerosos canales conectados entre sí, siendo los más abundantes los que provenían de termas y letrinas públicas. Algo fácil de asumir si tenemos en cuenta el elevado número de estas últimas que se estima llegó a tener la Ciudad Eterna en época imperial; nada más y nada menos que 144 (constatadas arqueológicamente, 63). Por este motivo, no es de extrañar que, en momentos de lluvias torrenciales o inundaciones de la urbe, las aguas negras brotasen por todos los huecos que encontraban hacia el exterior y los romanos caminasen durante días sobre mierda humana y demás residuos de dudosa procedencia. La solución a este problema pasó por distribuir de manera regular unos drenajes superficiales por las calles mediante el uso de alcantarillas, como la conocida *Bocca della Verità* (catalogada por muchos historiadores como una de ellas), realizadas en piedra o hierro y que contenían representaciones del dios-río (Clitunno) o la diosa de las cloacas (Cloacina) tragando agua.

SE VIENE ASESINATO EN LAS LETRINAS

Ha pasado a la historia como uno de los peores emperadores romanos de todos los tiempos, y como no podía ser de otro modo, murió asesinado en una de las letrinas de la ciudad de Roma y de una manera nada agradable (si es que la hay), asfixiado por una de las esponjas que se utilizaban para limpiar las partes nobles de los que allí cagaban. Hablamos de Heliogábalo, que accedió al trono imperial tras ser senador de Caracalla y reconocido como su supuesto hijo. Tenía tan solo catorce años cuando en el año 218 fue nombrado por el Senado emperador, pero su juventud no le privó de liarla parda desde el minuto uno que ostentó este título. Desde escándalos con sus esposas (llegó a casarse con una virgen vestal), pasando por su supuesta transexualidad, hasta su total desentendimiento del gobierno del Imperio. Todo ello no vaticinaba a Heliogábalo un final feliz. En marzo de 222, solo cuatro años después de haber sido nombrado emperador, era capturado por la guardia pretoriana mientras se escondía en unas letrinas. Allí, no dudaron en introducirle en la boca una de las esponjas que los usuarios de estos establecimientos utilizaban para limpiarse el culo tras hacer sus necesidades y, así, asfixiarlo hasta la muerte. Para rematar, el cadáver fue arrastrado por las calles de Roma junto al de su madre y, finalmente, ambos lanzados al río Tíber. Además, sus verdugos fueron precavidos y les pusieron una pesa atada a los pies para que no volvieran a salir a flote.

Al parecer, el palito fue utilizado más de una vez como arma mortal. Cuenta el filósofo Séneca (siglo I) en sus *Epístolas* que, durante uno de los entrenamientos de gladiadores que se llevaban a cabo regularmente en el anfiteatro, un esclavo alemán que participaba de los mismos se retiró a las letrinas a hacer sus necesidades (era la única actividad que podían hacer en solitario), pero no volvió a salir de ellas, pues se suicidó introduciéndose por la garganta una de aquellas esponjas.

Hoy en día a los bares y en la antigua Roma a las letrinas

Problema de gestión de residuos resuelto entonces. Vamos a lo que de verdad nos interesa. ¿Cómo era la actividad social de ir a echar un truño en las letrinas romanas? ¿Agradable? Quizá para ellos, pero para ciudadanos globalizados de la actualidad, entrar a un lugar oscuro, maloliente, de techos bajos y apenas ventilación, con inquilinos permanentes en forma de roedores y sin ninguna intimidad, no creo que fuese su pasatiempo estrella. Con todo, los romanos visitaban con frecuencia estos espacios, todos ellos diseñados de manera bastante estandarizada: una planta cuadrada o rectangular con un banco corrido de letrinas adosado a las paredes, que podían estar realizadas en madera o mármol (estupendo para el invierno), por debajo del cual discurría la corriente de agua que arrastraba todo lo que no debe ser nombrado. A veces se accedía directamente por una puerta que daba a la calle; y eran espacios más discretos si se encontraban dentro de las termas.

En aquel lugar, separados por menos de un metro de distancia, hacían sus necesidades los hombres y allí se limpiaban todos el pompis con un *tersorium* o *xylospongium*, literalmente «esponja en un palo», que de vez en cuando remojaban en una fuente de agua central para limpiarla de restos de excrementos (otras fuentes apuntan a su uso como escobilla, para limpiar el resbalón que podía quedar en la letrina). Por cierto, las mujeres no visitaban demasiado a menudo estas *foricae*, solo si se trataba de una urgencia muy urgencia. Primero porque normalmente se ubicaban en zonas de «negocios» transitadas en su mayoría por hombres y, segundo, porque corrían el riesgo de ser asaltadas o incluso violadas.

Precisamente, el que estuvieran ubicadas en las *business areas* de las principales ciudades conllevó que dentro de estas construcciones se cerrasen importantes acuerdos comerciales. Además, si la cosa se ponía complicada y se necesitaba de algo más de tiempo para poder hacer de vientre, qué mejor que tener un compi al lado con el mismo problema o sin ningún quehacer aquella mañana para comentar sobre el tiempo, los últimos gladiadores que triunfaban en los espectáculos del Coliseo, poner a parir al emperador de turno por las nuevas medidas tributarias (esto se comentaba bajito, no fuera a ser que el de enfrente fuese un simpatizante) y encender la «radio patio» para cotillear sobre fulanito o menganita. Todo ello al ritmo de variadas ventosidades y un olorcillo de lo más apetitoso… ¡Si es que estaban locos estos romanos! El tema del pudor tampoco les importaba demasiado, como habréis podido comprobar. Además, las túnicas les permitían dejar a la imaginación de sus compañeros de faena sus partes más íntimas. Vamos, que era una cuestión olfativa y acústica más que visual.

Hasta las gamberradas las inventaron los romanos...

... y se hicieron especialistas en los grafitis o, más bien, grabados parietales. Porque ir a un sitio y dejar tu impronta en una pared, ya sea una simple firma o un eslogan inspirador recién salido del horno, es algo que todos hemos hecho alguna vez. Solo hay que mirar las reflexiones filosóficas de los cuartos de baño de un instituto de educación secundaria o de una discoteca poligonera: «Jennifer estuvo aquí», «Las xulonas», «Curso 2001/2002». Una acción tan moderna que resulta casi imposible creer que ya fuese practicada por los romanos 2000 años atrás. Pero así es y en ciudades como Pompeya, Herculano o la propia Roma era mucho más común de lo que podemos imaginar.

Las letrinas fueron uno de los sitios preferidos para llevar a cabo, punzón en mano, estas gamberradas que, en ocasiones, se convertían en advertencias para los propios usuarios, como indicar que no se utilizase alguno de los agujeros porque estaba «averiado». Los más supersticiosos grabaron por numerosas letrinas de Pompeya la inscripción «CACATOR CAVE MALUM», algo así como «cagador, lleva cuidado con la enfermedad», o más bien con el mal, porque se ve que algún espíritu travieso andaba suelto por esos lugares. Aunque también es posible encontrar otros grafitis más clásicos, como el típico «LUCIUS PINXIT» («Lucio escribió o pintó esto»), o los más atrevidos insultos: «EPHARA, ES GLABRO» («Ephara, eres calvo»), todos ellos escritos en un latín vulgar donde los haya, pero no por el vocabulario empleado, sino porque fueron realizados por el vulgo. En definitiva, que entre cagadita y grafiti, los romanos salían bien contentos de las letrinas.

Bien, pues esto que parece un acto social de lo más «normal» en tiempos de la antigua Roma, también supuso un peligro constante de contraer enfermedades y parásitos intestinales. Algo que era de esperar solo con haber leído la información acerca de la esponja que compartían, a lo que se unía que alimañas de toda clase andaban por las letrinas y alcantarillas como Pedro por su casa, pisando mierda y distribuyéndola eficazmente por los asientos que utilizaban los romanos. Y podréis pensar, ¿es que no había servicio de limpieza? ¿No cambiaban el palito de vez en cuando? Bueno, pues afirmar que se realizaba una higienización de estos lugares de manera habitual es demasiado atrevido, sobre todo, porque no hay vestigios suficientes de ello. Quizá, de manera esporádica, algún esclavo o esclava era mandado a las letrinas a limpiar, pero, sinceramente, tampoco creo que le pusieran demasiado empeño a dicha tarea.

Así que, entre el *tersorium* y las ratas y ratones, los romanos no se libraban de sufrir parásitos intestinales, ectoparásitos como los piojos y demás infecciones de tanto en tanto. La situación era más peligrosa todavía en las letrinas domésticas y privadas que, como recordaréis, estaban ubicadas junto a la *culina*, por lo que cabía la posibilidad de que estos parásitos llegasen a la comida; y ya os podéis imaginar el percal... Pero esperad, que los peligros no han acabado, porque encima de que era una cuestión de primera necesidad humana (y lo sigue siendo, pero privada), los romanos corrían el riesgo de salir con los pelillos del culo chamuscados. Y es que, dada la concentración de metano y sulfuro de hidrógeno que había dentro de las cloacas y alcantarillas que discurrían por debajo de las letrinas, podían emerger llamaradas de fuego por los agujeros que calentarían en el acto el trasero de los usuarios.

Al final, entre una cosa y otra, cagar se convirtió en una actividad de alto riesgo, y el principal objetivo de los dirigentes romanos al construir estos espacios públicos, mantener ciudades limpias y habitantes sanos y vigorosos, les salió rana. Menos mal que no hay testimonios de que tuviesen que pagar por hacer uso de estos baños públicos... ¡Lo que les faltaba! Aunque tentativas hubo varias. La más conocida fue la del emperador Vespasiano, que en el siglo I se lo planteó como un modo de recaudar impuestos para el Imperio. Y algo consiguió, porque logró sacar adelante el tributo a la orina, la cual no se «desperdiciaba» en las cloacas, sino que debía ser recogida en recipientes específicos para tal fin y aprovechada después en lavanderías. El porqué de esta práctica lo encontramos en la alta concentración de amoniaco que tiene, por lo que en Roma la orina fue frecuentemente empleada para limpiar, blanquear togas y para el curtido de pieles.

Voy terminando ya, porque la temática no es agradable como para deleitarnos en ella. Me gustaría resaltar, no obstante, que la edificación de letrinas comunitarias no fue cosa únicamente de las ciudades, sino que su construcción traspasó los muros de las mismas para hacerse un hueco en las edificaciones palaciegas de la campiña italiana, las villas. Es el caso de las que mandó construir el emperador Adriano (76-138) cerca de Tívoli poco después de acceder al trono. Con unas 120 hectáreas de extensión y en torno a los 1000 inquilinos pululando por sus estancias diariamente, podemos hasta considerar lógico y normal que el palacio dispusiese de habitáculos destinados a plantar un pino. Los últimos estudios y hallazgos arqueológicos han sacado a la luz 10 letrinas compartidas (de entre 3 y 20 asientos) y hasta 25 privadas, estas últimas repartidas por la parte del palacio destinada a estancias privadas del emperador y su familia. Porque sí, queridos lectores, los emperadores, las emperatrices y demás patricios de la antigua Roma también cagaban y con diarrea a veces, pero como cualquier ricachón de sangre azul a lo largo de la historia. Por eso os aconsejo que saquéis unos minutos de vuestras ajetreadas vidas para visualizarlos en tal tesitura. Os aseguro que se os caerán muchos mitos.

3

Excreta et secreta

RESPIRA; COME SANO; TRABAJA, PERO TAMBIÉN DEDICA TIEMPO AL
DESCANSO; DUERME, AUNQUE EN OCASIONES TE DESVELES; HAZ
CACA CUANDO SIENTAS LA LLAMADA DE LA NATURALEZA, NO DEJES
PARA DESPUÉS ALGO TAN ESENCIAL; Y VIVE CADA MINUTO CON
PASIÓN, PERO LA JUSTA. TODO ESTO NO LO DIGO YO, SINO
GALENO, QUE FUE PURA SABIDURÍA.

No os voy a negar que, estudiando un poco los hábitos de higiene que practicaban nuestros ancestros y la atención sanitaria que recibían (si eso…), podríais llegar fácilmente a la conclusión de que aquellos habitantes del pasado no se preocuparon en absoluto por curar un resfriado o por limpiarse en condiciones una vez a la semana el sobaquillo. Sin embargo, echando un vistazo al *Corpus hippocraticum*, con el que abriré el melón higienista, y a otras fuentes primarias de igual temática que conservamos en la actualidad, sería demasiado atrevido afirmar abiertamente que nuestros antepasados fueron unos auténticos cerdos y unos dejados en cuestiones de salud y aseo personal. Porque, no es por nada, pero que desde hace 5000 años se estén escribiendo tratados que giran casi exclusivamente en torno a la higiene, y que a los maromos que vamos a estudiar a continuación se les considere dos de los médicos e higienistas más grandes de todos los tiempos, quiere decir que algo de importancia debieron darle al asunto. Por lo tanto, un poco cochinos vale, pero mugrientos y roñosos quizá es pasarse.

«Juro por Apolo médico, por Asclepio, Higiea y Panacea, así como todos los dioses y diosas, tomándolos como testigos, dar cumplimiento en la medida de mis fuerzas y de acuerdo con mi criterio a este tercer capítulo de *Esta historia apesta*». Así de original y con mi licencia artística personal, daba comienzo el *Corpus Hippocraticum,* cuyo juramento (*Hórkos*) constituyó la breve apertura a un conjunto de cincuenta y tres manuscritos anónimos reunidos en Alejandría a lo largo del siglo III a.C., que recogieron las bases de la llamada «medicina hipocrática», cuyo principal representante fue toda una eminencia entre los médicos y eruditos del momento, Hipócrates de Cos (460-370 a.C.), y cuya página de fans estuvo liderada posteriormente por el protagonista de este capítulo, Claudio Galeno. Ambos son considerados padres de la medicina occidental y ambos han dejado tras de sí un rastro de tinta tan vívido que llegar a pensar en la Antigüedad como una época de marranos es un tanto presuntuoso.

CONOZCAMOS AL ERUDITO

Claudio Galeno Nikon nació en la ciudad de Pérgamo (actual Bergama, Turquía) en algún momento entre los años 130 y 131, y falleció a una edad bastante tardía para la época, en el año 200. Hijo de un arquitecto y terrateniente que le transmitió desde bien pequeño el interés por la ciencia y la filosofía, con tan solo diecisiete años comenzó a estudiar Medicina y ya se movía como Pedro por su casa por los círculos intelectuales de su ciudad. Pero Galeno era de culo y mente inquietos, por lo que no paró de recorrer otros centros del saber como Esmirna, Alejandría, Corinto o la propia Roma, experiencias que aprovechó al máximo para adquirir nuevos conocimientos y conocer la obra de algunos de sus más importantes referentes en el campo de la medicina, como el ya citado Hipócrates de Cos. De vuelta en Pérgamo ejerció la profesión médica durante una larga temporadita en el *Asclepeion,* una suerte de centro de salud dedicado al dios griego Asclepio y en el que Galeno se dedicó a atender a los gladiadores que se lanzaban a sangrientas luchas en el anfiteatro de dicha ciudad. Todo ello le valió ser elegido como médico personal de emperadores de la talla de Marco Aurelio, allá por el año 177, y Septimio Severo, un poco después, interviniendo directamente en el control de la virulenta peste antonina (conocida posteriormente como plaga de Galeno) que asoló durante esos años el Imperio. Así que cuidadín, que nos estamos codeando con la *jet set* más erudita del momento.

Con esta formación a sus espaldas, no es de extrañar que Galeno crease un sistema médico que contribuyó como ningún otro a la medicina posterior y cuya esencia doctrinal estuvo basada en los procesos naturales hipocráticos y la filosofía natural aristotélica. Un conjunto de tratados atemporales (ochenta y tres atribuidos directamente a él), acogidos por las tres grandes religiones monoteístas, cristianismo, islam y judaísmo, y que se fueron adaptando a las nuevas necesidades y demandas socioculturales durante casi 1400 años…, telita.

El caso es que entre los tratados de Galeno y de su ídolo juvenil, Hipócrates de Cos, la salud y la higiene pasaron a convertirse en un elemento vital para garantizar el devenir del ser humano y su *physis* como parte integrante de un cosmos natural. Para los antiguos griegos, en ese cosmos cada cosa tenía su lugar, todo estaba muy bien ordenado, pero también escondía una serie de elementos que estaban en continuo cambio, se transformaban sin control y afectaban al ser humano. Estos procesos naturales llevaron a Hipócrates primero y a Galeno después a desarrollar un sistema médico basado en la observación y la experiencia, en el que las causas de las distintas dolencias y enfermedades eran atribuidas a los fenómenos naturales, y, consecuentemente, pusieron el foco de atención en la prevención mediante el mantenimiento de una salud de hierro a partir de una dieta (*diaita*) equilibrada y una higiene solo medianamente aceptable.

PONERSE A DIETA NUNCA FUE TAN DIFÍCIL

Pero ojo al concepto de dieta, porque no lo entendieron ni desarrollaron como nosotros. Lo asumieron de una manera más global y compleja y, como si estar a dieta no fuera ya suficiente martirio, para ellos consistió en un estilo de vida en el que se incluía el trabajo, la alimentación, el ejercicio físico e incluso las relaciones sociales y sexuales. De este modo, orientaron su práctica médica a la búsqueda de un régimen vital adecuado al trastorno o enfermedad que la persona estuviera padeciendo. Enfermedad que podía ser diagnosticada de acuerdo a la teoría clásica de los cuatro elementos (Empédocles), por la que el fuego, la tierra, el aire y el agua se identificaban con las cualidades esenciales del cuerpo humano (calor, sequedad, frío y humedad) y, por consiguiente, con los humores del cuerpo humano, bilis amarilla, bilis negra, sangre y flema, respectivamente. Así, el mayor o menor predominio de uno o varios de ellos permitía a los médicos del momento determinar el tipo de dolencia en cada paciente. Y si estabas como un roble, ¿cómo mantener entonces la figura, la higiene personal y la salud? Galeno se ponía siempre de ejemplo como persona *fit* e insistía en la necesidad de alcanzar el *mesotes* (término aristotélico), esto es, el punto intermedio entre pasarse o quedarse corto con las «cosas no naturales», lo que permitió que su teoría médico-higiénica se acoplase perfectamente a las necesidades socioculturales de cada época y región. Independientemente de esto, no esperéis demasiado de vosotros mismos durante el verano o la Navidad, todos sabemos que son épocas harto complejas para mantener el *mesotes*.

Hubo una época en la historia de la medicina, la Antigüedad clásica para ser más exactos, en la que los médicos no se valoraban por sus títulos académicos y méritos profesionales, sino por la mejor o peor apariencia estética que el profesional en cuestión presentaba. Es decir, que si estaba de toma pan y moja, se encontraba más que capacitado para desempeñar la profesión. Así quedó recogido en uno de los tratados del *Corpus Hippocraticum*, el conocido como «Sobre el médico», el cual comienza describiendo la figura del profesional de la siguiente manera: «La prestancia del médico reside en que tenga buen color y sea robusto en su apariencia, de acuerdo con su complexión natural. Pues la mayoría de la gente opina que quienes no tienen su cuerpo en buenas condiciones no se cuidan bien de los ajenos. En segundo lugar, que presente un aspecto aseado, con un atuendo respetable, y perfumado con ungüentos de buen aroma, que no ofrezcan un olor sospechoso en ningún sentido. Porque todo esto resulta ser agradable a los pacientes». En fin, yo no sé en la antigua Grecia, pero en la actualidad estos médicos estarían hasta arriba de pacientes solo un poco enfermos, pero ansiosos por alegrarse la vista un rato y hacer ojitos.

Creo, pues, que ha llegado el momento de desvelar el gran misterio que son esas «cosas no naturales», de manera que podáis tenerlas en cuenta si queréis mantener a raya vuestra salud. Fueron SEIS, por cierto, ni una más, ni una menos. Así de tajante fue Galeno de Pérgamo cuando estableció sus «cosas no naturales». Bueno, cuando sus seguidores medievales las interpretaron y establecieron. Porque como tal, una lista de los siguientes seis elementos no vamos a encontrar en sus escritos. *Aër, cibus et potus, motus et quies, somnus et vigilia, excreta et secreta y affectus animi*. En cristiano, por favor: «El aire, el trabajo y descanso, el sueño y la vigilia, las excreciones retenidas o evacuadas y las pasiones del alma»; serían esas *sex res non naturales* que los discípulos galénicos establecieron a partir del estudio de su obra y que, según los mismos, no componían nuestra naturaleza, pero generaban alteraciones en ella, y, por lo tanto, no nos permitían mantener nuestra salud e higiene personales bien controladas.

Además, habían sido clasificadas por el propio Galeno como causas externas de las enfermedades y puestas en relación directa con la constitución del paciente (causas internas) y su fisiología o «cosas naturales» (elementos, temperamento, partes, humores, espíritus, facultades y acciones), siendo su conjunción lo que determinaría el desarrollo y posterior gravedad del trastorno. Por ello era tan importante la *diaita* como primer paso médico si se querían mantener a raya las enfermedades, ya que nuestras «cosas naturales», por muy buena pinta que tuviesen, se podían ver afectadas irremediablemente por las «no naturales».

Esta idea queda recogida por Galeno en el que ha sido uno de sus tratados con más proyección posterior: *De sanitate tuenda* («Sobre la conservación de la salud»). A lo largo de los seis tratados (sí, seis) que componen el mismo, nuestro prota ensalza la higiene y la *diaita* como principales promotoras de la salud, entendida como frágil e inestable, aportando un sinfín de ideas muy útiles para su mantenimiento y promoción o, dicho de otro modo, para encontrar el equilibrio entre las seis cosas no naturales y las siete que sí lo eran. Y como yo, queridos lectores, lo que quiero es que tengáis todos una salud de hierro, os comento a continuación algunos de esos superconsejitos:

1. Empecemos por los peques de la familia. Todos coincidimos, incluso Galeno, en que la infancia es un periodo de nuestra vida fundamental para el correcto desarrollo fisiológico posterior. Es por ello por lo que la higiene debe ser cuidada desde el mismo nacimiento y para ello recomienda eliminar

los residuos corporales, prestar atención a la educación, una correcta alimentación y una serie de cuidados especiales que atenderán al ejercicio y los masajes para el desarrollo de la psicomotricidad. Y ojo, que todo ello debe mantenerse hasta los veintiún años (infantes, decían), momento en el que el ser humano, según Galeno, alcanza ya su pleno desarrollo.

2. Maduritos ya, continúa estableciendo un régimen higiénico especial para los jóvenes basado en el ejercicio y los masajes. Estos últimos también tendrían que ser previos a la actividad física, mediante unciones de aceite para preparar el cuerpo y la musculatura. Con todo, a la hora de seguir al pie de la letra esta recomendación había que tener en cuenta tanto la corporeidad como la situación personal del joven (económica y social). Porque sí, este tratado no atendió demasiado bien a la salud preventiva de los más desfavorecidos.

3. Muy importante como actividad inmediatamente posterior al ejercicio: el baño. No importaba que fuera de aguas dulces o saladas, tibias o frías, había que ponerse a remojo y no solo para quitarse la roña, sino porque, fundamentalmente, aliviaba las fatigas.

4. Llegados a la edad plenamente adulta, lo más importante era controlar la alimentación. Para ello, Galeno sugería algunas recetas muy interesantes, como por ejemplo, caldos reconstituyentes, sobre

todo los realizados con harina, ya que este ingrediente sería el encargado de aportarles las cualidades refrescantes, hidratantes y depuradoras. Si no eras muy fan del caldo tenías además la opción del hidromiel, una bebida con un punto de alcohol, pero también cosas sanas, como especias, zumo de frutas y la propia miel, que se servía caliente en invierno y a temperatura ambiente en verano. Si todo esto no era suficiente, nuestro médico particular nos proponía una serie de fármacos que ahora serían entendidos como complementos alimenticios, realizados a base de pimientas, miel de nuevo o membrillo.

5. Alcanzamos una edad delicada, la vejez. Durante la misma, el cuidado de la dieta se vuelve todavía más importante si cabe, entendida ahora como el estilo de vida que el ancianito debe llevar. El ejercicio físico debe estar basado en paseos agradables y siempre acompañados de masajes. Se le aconseja beber vino por su poder calorífico, aunque yo creo que fue más bien para que mantuvieran el cuerpo contento, que con esas edades hay que darle un empujoncito. Pero…, ¡cuidado! Mejor blanco o rosado, los tintos («oscuros») son astringentes, según Galeno, y recordaréis que una de las cosas no naturales que hay que mantener a raya son las excreciones. Mejor fuera que dentro.

Y estos son solo unos pocos ejemplos de todas las recomendaciones realizadas por Galeno en el citado tratado. Su obra, en efecto, fue muy extensa y lo curioso de lo hasta ahora analizado es que no difiere demasiado de las recomendaciones que actualmente recibimos para el mantenimiento a raya de nuestra salud. Más singular es todavía que todas esas sugerencias fueran transmitidas y puestas en valor a lo largo de los siglos sin prácticamente sufrir modificaciones. Todo ese corpus de conocimiento, el galenismo, tal y como lo ha denominado la historiografía posterior, fue recopilado y extendido por el mundo cristiano, bizantino y musulmán casi desde el momento de la muerte de Galeno hasta la plena Edad Media, dando lugar a unos tratados muy curiosos denominados *Regimina Sanitatis*, centrados exclusivamente en el cuidado de la *diaita*, entendida esta en su forma hipocrática y galénica, como motor de la salud. Se pusieron tan de moda que hasta el propio Jaime II de Aragón disfrutó de uno en primicia, el realizado por el médico Arnau de Vilanova.

Con todo, si todavía no ha quedado clara la importancia del personaje que nos ocupa en este capítulo y de sus escritos, simplemente añadiré que su teoría médica consiguió separar en ciertos momentos de la Edad Media la religión de la enfermedad, el entendimiento de esta última como castigo de Dios, la aceptación de las epidemias sin rechistar o la cura de las mismas como consecuencia de la Providencia divina. Si conocéis el Medievo, es un pequeño punto a valorar.

La visión galénica de la mujer
no molaba tanto

Lo que voy a dejar por escrito a continuación no debe pillar por sorpresa a demasiada gente, teniendo en cuenta el contexto histórico en el que nos estamos moviendo. Galeno era machista. Afirmación más que cierta si partimos de su concepción de la naturaleza de la mujer como inferior a la del varón. Tampoco es que el género femenino le transmitiera demasiado interés; de hecho, no dedicó ningún tratado como tal a estudiar nuestra salud, cosa que sí hizo su ídolo; aunque algo de curiosidad debimos despertarle cuando sí que dejó referencias esporádicas sobre nuestra lozanía. Ahora bien, la práctica totalidad de las mismas está enfocada a la función reproductora, no hay más. Hablará de la menstruación, asegurando que nos produce dolores similares a los de los meses de embarazo (¡imagina!), calificándolos, menos mal, de difíciles de tolerar e incluso peligrosos. Otra afirmación extravagante que realiza Galeno sobre la regla es que nuestros úteros anhelan purgarse cada mes, de ahí el sangrado; por cierto, a mayor abundancia, símbolo de esterilidad, o eso dijo. En definitiva, que el único interés que le suscitamos fue el de ser máquinas reproductoras y, en comunión con este ideal, la situación de la mujer en la Antigüedad clásica no fue todo lo ideal que hubiesen querido nuestras antepasadas, quedando relegadas a su papel fundamental para el crecimiento de la población.

4

La Edad Media no fue tan asquerosa como nos han hecho creer

SI QUIERES SER UNA PERSONA VERDADERAMENTE *ECOFRIENDLY* Y NO MALGASTAR LOS RECURSOS NATURALES, SOLO TIENES QUE APLICAR LAS COSTUMBRES HIGIÉNICAS IMPERANTES EN LA EDAD MEDIA: NO TE BAÑES, NO TE LAVES EL PELO NI LOS DIENTES Y, SI ESO, NI SIQUIERA TE CAMBIES DE ROPA; CON UNA MUDA VAS QUE CHUTAS.

Creo que ya estamos todos un poco cansados de escuchar y leer que la Edad Media fue una época oscura, bélica, maloliente, plagada de epidemias y gente sin dientes, pero con muchos piojos. Algo de todo esto tuvo, eso es obvio, pero no por una falta de empeño de unos cuantos en mantener la salud y la higiene de sus pobladores, tanto personal como urbana, sino más bien por un pasotismo generalizado de los ciudadanos hacia temas sanitarios al tener cosas más importantes en las que pensar, como por ejemplo qué pan mohoso iban a comer al día siguiente o cuál de sus siete hijos iba a sobrevivir hasta el amanecer. Con esto quiero decir que el Medievo no fue una época fácil para aquellos que la habitaron, y los altos niveles de analfabetismo y pobreza que la caracterizaron no colaboraron con el incipiente progreso cultural y científico que desde ciertos sectores de la sociedad se intentaba imponer.

Es cierto que desde que el Imperio romano de Occidente se fue a pique allá por el año 476 y Europa se fragmentó bajo el reinado de esos señores peludos llamados bárbaros, se pierde bastante del esplendor clásico que caracterizó a la Antigüedad y pasamos unos siglos de quiero y no puedo, sobre todo en el tema intelectual. Pero mientras que en el Viejo Continente la influencia de la Iglesia no dejó a las pocas mentes pensantes volar demasiado, en Próximo Oriente lo petaron y el club de fans de Galeno comenzó a sentar las bases de lo que acabaría por convertirse en la raíz de la medicina preventiva y el higienismo medieval, el «galenismo».

REGIMINA SANITATIS

Si bien todo ese movimiento científico-cultural empieza con la medicina árabe, fue Bizancio la primera que abrazó bien fuerte a todos los discípulos de Claudio Galeno y la Escuela de Cos, aunque con el cierre de las escuelas médicas más importantes hasta el momento, las de Atenas, Pérgamo, Edesa y Antioquía, durante el siglo VI, se produce un traslado de todos los médicos y eruditos allí residentes hasta territorio del Califato abasí, concretamente a su capital, Bagdad. Allí recibieron el favor y cariño del califa Al-Ma'mun (786-833), quien era tan friki que no dudó en concederles el espacio y tiempo necesarios para que se dedicasen en cuerpo y alma al estudio y la traducción de todas las obras de Galeno, Hipócrates o Dioscórides y, por supuesto, enseñasen a todo aquel que quisiera empaparse de dicho conocimiento. De este modo, a partir de los siglos X y XI el mundo árabe ya se encontraba a la cabeza de los avances y estudios de Medicina y listo para expandir su conocimiento por territorio europeo. Así, la ciudad italiana de Salerno, con el monje converso Constantino el Africano (c. 1020-1087) a la cabeza, fue la encargada de abrir el melón de la medicina clásica en nuestro continente traduciendo al latín las obras que, a su vez, habían sido transcritas al árabe poco antes. A partir de los siglos XII y XIII, entran en acción otros personajes como Maimónides, Averroes, Avicena o Arnau de Vilanova, y centros del saber tan importantes como la Escuela de Traductores de Toledo con Gerardo de Cremona dirigiendo el cotarro por aquel entonces. La expansión del galenismo a través de los *Regimina Sanitatis* ya no encontró marcha atrás posible. Se expandió por las principales universidades europeas a través de maestros cristianos, judíos y musulmanes y dio lugar a un corpus doctrinal de medicina medieval que, sorprendentemente, unió a las tres culturas dominantes y permitió a reyes, obispos, burgueses y ricos comerciantes participar de lleno en la mejora de la higiene y la salud para garantizar el crecimiento poblacional y, por supuesto, en la calderilla que ellos iban a percibir si así era.

Y, después de todo este rollo teórico, ¿fue entonces el galenismo medieval el encargado de sacar a esta etapa de la historia el brillo que se merecía? Sí y no, porque todo dependerá del momento medieval que estudiemos o grupo social desde el que miremos. Es obvio que aquellos que pudieron empaparse no solo de agua, sino también de todo el saber médico-higienista imperante, fueron los ricos. Los pobres hicieron lo que pudieron.

LOS PELIGROS DE PONERSE A REMOJO

Hablando de agua, qué menos que empezar por el baño, ¿no? Algo tan básico y que actualmente hacemos prácticamente a diario, pero que en ciertos momentos de la historia ha hecho temblar de miedo a más de uno, pues se abrían los poros y ¡entraban los malos humores! Porque mientras que la actitud hacia la limpieza corporal se mantuvo más o menos estable a lo largo de toda la Edad Media, hacia el ejercicio de las abluciones no tanto. ¡Con lo bien que sienta para relajar las pasiones del alma, sobre todo las negativas! El caso es que los primeros cristianos mantuvieron la tradición romana en la que el baño era norma, conservando incluso las instalaciones de sus antecesores y copiándolas para nuevas construcciones. Algunos de sus principales representantes llegaron a visitar los baños un par de veces al día, como el obispo de Constantinopla, Sisinnius I (426-427), que confesó que si por él fuese se tiraría a remojo todo el día. Pero es que también fue abrazada con gusto la idea de que las novias tomasen un buen baño antes de contraer matrimonio, hasta que se puso como ejemplo a Susana y su encontronazo con los viejos y se acabó la gracia. Es decir, todo parecía indicar que un elemento como el agua no infundía miedo alguno en los primeros ciudadanos medievales.

¿En qué momento se torció el asunto? Cuando unos cuantos lumbreras de la cristiandad comenzaron a vociferar los peligros que tenía ponerse a remojo cual garbanzo o a difundir la idea de que los baños romanos estaban vinculados con el diablo. Con la Iglesia hemos topado, así que empezaron a levantar los templos sobre estas antiguas construcciones como símbolo de pisoteo máximo al paganismo. Ahora bien, si alguna de esas piscinitas paganas les servía para el baptisterio, no dudaron en reutilizarlas porque, aunque estuvieran supeditadas al maligno, con la adecuada purificación ya estarían listas para darles vidilla de nuevo.

En su defensa diré que tampoco pusieron de ejemplo a los más limpios de su pueblo, pues muchos ascetas cristianos abrazaron la práctica de la *alousia* o «estado de permanecer sin lavar», argumentando que tras la limpieza espiritual del bautismo debían evitar lavarse la piel y el cabello, renunciando a esta práctica higiénica como una vía de culto hacia la virginidad y la castidad; normal, el olorcillo que tuvieron que desprender estos zamarros sería de todo menos apetitoso. Asimismo, las altas esferas eclesiásticas no dejaron de recomendar al 100 % los baños; algo de poso científico e intelectual de la Antigüedad les había quedado, como ya he apuntado anteriormente, pero sí, durante ciertos momentos del año como la Cuaresma o los festivos religiosos, que dicho sea eran muchos, había que dar prioridad al cuidado del alma. Los baños medicinales para los enfermos o benéficos para los pobres también estaban normalizados. En el caso de los monjes benedictinos, que como los ascetas predicaban con el ejemplo (se supone), su propia regla monástica decía que únicamente tomarían un baño unas pocas veces al año, a no ser que estuvieran enfermos, siendo entonces a gusto del consumidor. En este orden de cosas, un tratado anónimo del siglo XIII destinado a mujeres religiosas anacoretas titulado *Ancrene Wisse* las animaba a bañarse cada vez que el cuerpo se lo pidiera, puesto que «la inmundicia no gusta a Dios», aunque la pobreza y la sencillez eran bienvenidas.

Tenemos todavía más ejemplos, de carácter cuasi científico, como el *Poridat de poridades* (conocido también como *Secretum secretorum* o *Sirr al-asrar* en árabe), un tratado pseudoaristotélico fechado en torno al siglo X, que se presentó como una carta de Aristóteles a su pupilo Alejandro Magno en la que le recomendaba no pocas prácticas higiénicas entre las que hacía mención al baño. Muy escaso, pero desde su punto de vista suficiente con tomarlo en primavera (quizá por eso la costumbre de celebrar las bodas en dicha estación) e invierno y evitarlo a toda costa durante el verano con el objetivo de mantener la temperatura corporal controlada. Eso sí, las manos lavadas con regularidad en agua bien fría. Además, eso de tomar un baño relajante de varios y largos minutos podía dar lugar a gordura, debilidad y, no nos olvidemos, abriría los poros de nuestro cuerpo y podrían entrar los malos humores. Por lo que, como había que mantener a raya a las «cosas no naturales», se dejaba caer el agua rapidito y a vestirse con ropa limpia, nada de aprovechar la que llevabas puesta.

SE VIENE MENTIRIJILLA REAL

Parece que los libros y artículos de historia de las últimas décadas han puesto todo su empeño en hacer de algunos de los *royals* europeos más famosos de todos los tiempos unos verdaderos cerdos. El problema es que no tenemos testimonios suficientes ni fiables para corroborar que vivieron en la más absoluta falta de higiene o que, como se afirma en torno a alguno de ellos, tuvieron un miedo tremendo al agua. Es el caso de nuestra querida Isa, la Católica (1451-1504), que no solo lleva sobre sus espaldas el peso del imperialismo español, sino también el de haber sido un poco guarra y maloliente por una frase que se le atribuye, pero nunca pronunció: «No me cambiaré de camisa hasta que conquiste Granada», o algo parecido, y que sí estuvo en boca de su tataranieta, Isabel Clara

Eugenia, pero en un contexto diferente. También se ha asegurado repetidas veces que solo se bañó dos veces en su vida, pero dicha idea viene siendo un mito y a la reina católica más bien le recriminaba su confesor el exceso de cuidado personal por el peligro de vanidad.

Para su tocaya en Inglaterra, Isabel I (1533-1603), la historia se repite; sin embargo, sí que sabemos algo seguro sobre ella, y era lo mal que lo pasaba con los malos olores en palacio, por lo que parece poco probable que descuidara su aseo personal. El caso de Luis XIII de Francia (1601-1643) es la excepción a la regla, puesto que de él se ha dicho que no se bañó en toda su vida y parece que así fue, por lo que se desprende de los testimonios de su médico personal, el doctor Heroad. Desde pequeño, el delfín fue de salud delicada y, siguiendo la teoría miasmática, evitaron bañarlo para no abrir los poros de su piel y dar lugar a enfermedades que lo dejaran pajarito. No os penséis que con la madurez abandonó esta costumbre, pero claro, algo había que hacer, imaginad el olor hormonal de la adolescencia. Así que tomó el hábito de lavarse con trapos perfumados. Muy limpio no sé, pero algo de buen olor digo yo que echaría.

¿Qué conclusión podemos sacar de todo este popurrí de ideas sobre el baño? Si queréis que os sea sincera, que nuestros antepasados medievales hicieron lo que les dio realmente la gana, y dependiendo de la región, la cultura imperante, la clase social (muy importante) o la influencia de los dictados eclesiásticos, los ciudadanos se bañaron más o menos. Ahora bien, hay algo de lo que no tengo dudas y además pruebas y es que el acto de lavarse el cuerpo por completo con agua y hierbas aromáticas en una barrica y un lugar solo medianamente privado estuvo destinado a las clases pudientes, a la realeza y el pijerío nobiliario. Para el mantenimiento de la higiene entre los pobres había varias opciones, entre ellas, asistir de vez en cuando a los baños públicos que muchas ciudades europeas mantuvieron o construyeron durante esta etapa y cuya visita era recomendada por los médicos medievales en sus textos como parte de la *diaita* y la mejor manera de evitar enfermedades y demás infecciones. París llegó a tener treinta y dos, aunque Madrid solo contaba con uno, y esta práctica, tan común en áreas del norte de África y Próximo Oriente, se volvió parte del ocio de los habitantes del Medievo europeo. Y ahí está el problema..., que en más de una ocasión eso de estar en pelota picada se les iba de las manos y los locales públicos para el aseo personal se convirtieron más bien en locales de ocio y fiesta, donde la prostitución y los encuentros sexuales estuvieron a la orden del día. Os podéis imaginar que a la Iglesia esto, y encima en pelotas, cero gracia, pero es que a los médicos menos todavía, al aumentar las epidemias y el contagio de sífilis, por lo que, empezada la Edad Moderna, los baños públicos se pasaron de moda. Viendo el percal, no es de extrañar que la mayoría de la población optase por otros modos y lugares de limpieza corporal, más sofisticados o regulares para las clases altas y menos exitosos y usuales para los más desfavorecidos.

Ahora bien, como pasa en la actualidad, al que era guarro por naturaleza no había baño que lo conquistase y a más de uno o una le cantaba el alerón por soleás. También hay que tener en cuenta que lo de disponer de agua calentita era un problemón y dejarse caer a pelo el cubo recién sacado del pozo era una actividad solo para valientes. Quizá poniéndonos en su lugar entendamos mejor por qué se asentó la creencia de que tomar un baño podía causar diversas y peligrosas enfermedades. Con todo, los campesinos mostraron por lo general cierto interés en quitarse la roña cuando volvían de sus labores agrícolas o ganaderas, lavando con esmero cara, cuello, manos, brazos y pies, aunque solo para algunos de ellos el jabón era un *must*, ese antiguo conocido que comenzó a hacerse famoso en Europa con las jaboneras de al-Ándalus en el siglo X y los fragmentos que los templarios trajeron desde Alepo un siglo más tarde. Además, como disponían únicamente de una muda de ropa con suerte, acudían al arroyo más cercano a lavarla una vez en semana, para lo que utilizaban orina (¿os acordáis? ¡Como los romanos!), dado el alto porcentaje de amoniaco que contenía, y ceniza blanca. Ojo, que incluso planchaban de vez en cuando pasando una piedra caliente sobre las prendas. En el caso de los privilegiados, el cambio de ropa lo realizaban a diario al disponer de un mayor número de modelitos. En ocasiones, visitaban el *garderobe* dos o tres veces al día si habían realizado alguna actividad deportiva o tenían un evento al que asistir en el que el postureo mandaba.

CAL, SAL Y HIERBAS AROMÁTICAS, TRES INGREDIENTES PARA LA HIGIENE MEDIEVAL

Pero lo mejor está por llegar, porque todavía me quedan un par de aspectos sobre higiene personal por tratar que seguro que querréis incorporar a vuestra rutina de belleza diaria inspirada en la Edad Media: el lavado del cabello y los dientes.

Empecemos por el pelo, que, durante la Edad Media y gran parte de la historia, ha sido considerado una cuestión de estatus, actitud y rol sociales. Por ello, en multitud de tratados sobre higiene de la época podemos encontrar un espacio dedicado al cuidado del mismo; aunque claro, si ya era difícil lavar el cuerpo en condiciones, imaginad el cabello. Los galenos tuvieron en cuenta dicha dificultad y recomendaban lavarlo una vez cada tres semanas haciendo uso de una solución a base de cal y sal o bien con una mezcla de agua y hierbas medicinales, para dar buen olor y mantener a los piojos fuera de territorio cabelludo. Ni que decir tiene que un lavado cada tres semanas no era suficiente, algunos ni siquiera lo cumplían (y menos durante el gélido invierno), y eso de no coger bichitos una completa utopía, más que nada porque la mayoría de nuestros antepasados medievales dormía en jergones de paja cuya ropa de cama apenas lavaban y cambiaban, y que estaban plagaditos de chinches, pulgas y los visitantes más temidos, piojos.

Si tan difícil era lavarse el pelo, ¿cómo hacían para mantenerlo limpio el máximo de tiempo posible? Fácil, llevándolo siempre recogido y cepillándolo con asiduidad. Las mujeres muy rara vez se lo cortaban y lo solían trenzar o recoger en forma de moño que, en el caso de las no privilegiadas, les permitía trabajar sin las molestias de unos mechones cayendo por la cara. Las damas de alta alcurnia, sin preocupaciones de este tipo, lo decoraban profusamente mediante tocados, flores, cadenas con pedrería y un largo etcétera, siguiendo el mantra «antes muerta que sencilla». Los caballeros también tenían su *hair code*, no creáis. El cuidado y lavado era prácticamente el mismo, puesto que la mayoría de ellos lo llevaba largo, si bien se recomendaba a campesinos y sirvientes un corte por las orejas como mucho, y si pertenecían a la nobleza o realeza era casi obligatorio recogerlo en una cola o moño. Solo en el caso de los monjes estaba bien visto el rapado de la cabeza, al ser interpretado como un símbolo de humildad absoluta.

Para el mantenimiento y estilo de la barba también había indicaciones, más que nada porque lo de afeitarse estaba complicado a causa de la falta de agua, de espejos y navajas en condiciones. Si se afeitaban lo hacían recurriendo a un barbero o a ojo con el cuchillo que todo campesino que se preciara llevaba consigo, y que muy limpio ya os digo yo que no estaba. Dada la situación, la mayoría de los caballeros medievales optaron por dejarla crecer e intentar mantenerla limpia y con más o menos forma. Sobre todo porque ciertos códigos de leyes y costumbres, como el germano *Sachsenspiegel* («Espejo sajón») del siglo XIII, aseguraban que la madurez de un hombre se medía por la cantidad de pelo en su barba ¡y en sus axilas!

Fijaos si el cabello y su apariencia fue importante para estas gentes que teñirlo o cuidar su caída también estuvieron a la orden del día. La moda en la Europa medieval era tenerlo rubio, algo fácil para las zagalas del centro y norte del continente, pues les venía de fábrica, pero más complejo para las sureñas, que llegaron a echarse lejías hechas con cenizas con tal de obtener el ansiado tono dorado. La alopecia preocupó, y mucho, a los hombres y mujeres de la Edad Media y, aunque les hubiera ido genial tener cerca una clínica turca de injerto de pelo, parece que les bastó con aplicarse toda una serie de ungüentos con ingredientes tan variados como el ajonjolí, leche de perra, cenizas de ramas de olivo, zumo de murta, aceite de mata, polvo de moscas o emulsiones realizadas a base de heces humanas destiladas… No sé yo si preferiría quedarme calva, la verdad.

En este orden de cosas, plantas como la camomila, la lavanda o el hinojo, alimentos como los dátiles o soluciones minerales del tipo carbonato de sodio, todo ello mezclado en agua, eran remedios caseros muy utilizados y avalados por los tratadistas más prestigiosos del momento para el mantenimiento de un aliento fresco; que ya sabemos lo que pasa por las mañanas. Lo curioso es que algunos de los ingredientes citados son todavía componentes de nuestras pastas de dientes. Ahora bien, el tema del cepillo no estaba muy desarrollado que digamos. Pero había opciones, pudiendo elegir entre «fregat vuestros dientes con corteza de arbol amargo e aspera», según el *Poridat de poridades*, o bien envolver una ramita de avellano (a ser posible) en un trozo de tela para usarla a modo de seda dental; qué apañaos. Con todo, las caries estaban a la orden del día y en caso de gravedad no dudaban en acudir al «dentista» o, más bien, verdugo de turno para que les arrancasen el diente en cuestión antes de tener un disgusto. En este sentido, los egipcios fueron unos adelantados a su tiempo.

En definitiva, espero que por lo menos se lavasen las manos antes y después de comer, actividad que realizaban sin cubiertos, una costumbre que sí parece haber estado muy extendida y asimilada por todos, hasta el punto de que en los banquetes medievales se colocaban varios cuencos con agua para ir remojando y limpiando los deditos de vez en cuando. ¿A que después de leer el capítulo no consideráis a estas gentes del Medievo personas tan guarras?

EN LA EDAD MEDIA TAMBIÉN TOMABAN
AFRODISÍACOS

Ha llegado el momento de hablar en este libro de sexo. Pero no de cualquier sexo, no. De sexo MEDIEVAL. Que, aunque no lo creáis, era casi tan variado y puesto en práctica como ahora. Eso sí, siguiendo el consejo de R. M. Karras en su obra *Sexuality in Medieval Europe* (2005), debemos partir de la idea de que su percepción fue cambiando a lo largo de la Edad Media y su entendimiento y aceptación fueron diferentes para cada uno de los grupos religiosos que convivieron en este periodo, cristianos, judíos y musulmanes. Y para abordar este tema rápidamente, voy a ir de menos a más, empezando por la carencia de actividad sexual. Esto es, la castidad, ese estado vital en el que la persona renuncia voluntariamente al sexo, es decir, el escogido supuestamente por todos los y las religiosas. De aquí pasaríamos al sexo en el matrimonio, algo normal si tenemos en cuenta que el objetivo del mismo era la reproducción. Pero en ocasiones, las parejas se topaban con ciertas prohibiciones religiosas que lo hacían verdaderamente complicado, ya que el coito estaba vetado en los días festivos de la Iglesia, aquellos destinados al ayuno, los domingos o cuando la mujer recibía la visita mensual de la prima. Por ello, el siguiente paso es hablar del sexo fuera del matrimonio, aparentemente prohibido, pero normalizado para los hombres, que solo tenían que rendir cuentas ante ellos mismos y, como no lo hacían, solían recurrir a la prostitución para «satisfacer» sus necesidades o dar rienda suelta a sus pasiones secretas, como la homosexualidad. Hemos llegado al sexo sin control, más que nada porque los burdeles fueron durante mucho tiempo un lugar en el que podías entrar medianamente sano, pero salir con más de una infección de regalo. Las prostitutas eran la depravación personificada para la Iglesia, pero, aun así, fueron «utilizadas» por la institución en los juicios sobre impotencia a los que algunos caballeros eran sometidos. Mientras, los árabes disfrutaban de su vida sexual leyendo los *'ilm al-bah*, un subgénero literario erótico que surgió entre los siglos X y XI a raíz de la consideración médica de la sexualidad y cuyo objetivo era mantener una correcta higiene y el apetito sexual, la fertilidad, el aumento del placer, el cuidado de los órganos reproductivos y dar a conocer las técnicas reproductivas antiguas. ¿Cómo conseguían todo esto? A través de los alimentos que ellos consideraban afrodisíacos, que podían ser ingeridos, como caldos y cocidos elaborados con testículos de animales, bebidos, como los preparados a base de jengibre o pimienta, e, incluso, untados dado su rápido efecto en el cuerpo.

5

DE JUANA DE CASTILLA, ENRIQUE IV Y OTROS SOBERANOS ALÉRGICOS A LA ESPONJA

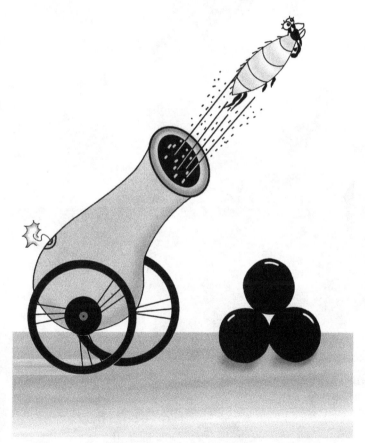

«[EL GOBERNANTE] DEBE SER DECORADO Y DOCTADO DE LAS VIRTUDES SIGUIENTES. CA DEBE SER JUSTO, INOCENTE, AMIGABLE, PIADOSO, GRACIOSO, CONCORDE, RIGOROSO QUANDO CUMPLE, UMANO, VERDADERO, PRUDENTE, BIEN ACORDABLE, INTELIGENTE, PROVEIDO, CIRCUNSPECTO, ENSEÑABLE, CLEMENTE, MODESTO, FUERTE, MAGNÁNIMO, LIBERAL, PERFECTO, CONSTANTE, MANDO E UMILDE».

Suma de la política, Rodrigo Sánchez de Arévalo.
Obra original del siglo XV

¿Ylimpio, señor Sánchez de Arévalo? ¿No consideró usted que el gobernante de una ciudad del siglo XV debía ser también hombre limpio y pulcro? Por lo de predicar con el ejemplo, vaya. Teniendo en cuenta lo obsesionado que estaba usted con el temita de la limpieza, pulcritud y buenos aires de las ciudades, no hubiera estado de más dar alguna novedosa orientación sobre el mantenimiento de la higiene de sus moradores, más si cabe de sus dirigentes. Porque lo de lavarse con esmero manos y cara todos los días parece que se estaba quedando algo escaso.

Con el renacimiento de las ciudades europeas a partir de la Baja Edad Media, digamos que la higiene se descontrola más de la cuenta. El auge del comercio interior y exterior y el surgimiento de una incipiente burguesía hizo de los núcleos urbanos el nuevo escenario político, económico y social y, como era de esperar, epidémico. Y mira que se esmeraron en embellecer las casas, las plazas, los castillos, las calles y demás edificios civiles y religiosos, pero ante la masa de aldeanos que llegaba en tropel a las urbes desde las zonas rurales, no bastó con publicar tratados de higiene como churros. El maloliente lodazal en el que habitaban cada vez más personas fue el caldo de cultivo perfecto para la expansión sin control de epidemias como la peste, las cuales se reían a carcajadas de las recomendaciones hasta entonces realizadas por los expertos en materia de higiene y que no hacían distinción de clase.

Estas se basaban en la «educación», en la idea de que «deben ser los ciudadanos y los habitantes en la ciudad exercitados en continuo uso y estudio de cosas intelectuales y de virtud» para así poder seguir los superconsejitos dados por los expertos y mantener una higiene óptima. Según Sánchez de Arévalo, autor de la cita y quien, como vemos, puso demasiada confianza en la capacidad del ciudadano medieval para leer un libro, el estudio, el trabajo, la moderación y el descanso eran también fundamentales a la hora de lograr un contexto urbano y social salubre. ¡Iluso él! Me juego todo al rojo a que nunca entró a un castillo tardomedieval o un palacio renacentista en los que casi todo lo que relucía no era oro, sino mierda.

Reyes y reinas que predicaron con el ejemplo
de la marranería

Como tampoco relucían sus habitantes, entre ellos los mismísimos soberanos, que, o bien desarrollaron aversión a la ducha en algún momento de sus monárquicas vidas, o nacieron ya con la medalla de guarretes puesta. Para muchos de los gobernantes del Medievo y la Edad Moderna, la cuestión en torno a la higiene fue compleja, una lucha interior que no consiguieron controlar, haciendo que lo único brillante en su apariencia fueran casi exclusivamente las coronas que portaron. Si es que hay que entenderlos, con tanto trabajo y estrés diario, como para ponerse a pensar en el baño, la dieta, el sueño, el ejercicio físico o las pasiones del alma, que solían tener un tanto descompensadas...

La representante femenina de estos marranos monarcas podría ser perfectamente Juana I de Castilla (1479-1555), ya sabéis, injustamente llamada «la Loca». Pero no fue guarra de nacimiento, sino que la locura y depresión a las que la llevaron su marido, su padre, Fernando el Católico, y demás machotes de la corte castellana desde bien jovencita tuvieron como consecuencia directa un abandono total del cuidado e higiene personales. Corriendo un tupido velo por el hecho de que dio a luz de madrugada al futuro Carlos I en unas letrinas palaciegas de Gante, y hasta el momento de la muerte de su hermoso marido, Felipe, parece que hasta tuvo cierta obsesión con el baño, el lavado del cabello y el buen vestir; algo que molestaba muy mucho al cónyuge, pues para guaperas ya estaba él. Sin embargo, el maltrato y falta de consideración a los que se vio continuamente sometida, y que se incrementaron tras la muerte un tanto absurda de Felipe (1506), la llevaron a abandonar al completo su apariencia y salud.

Encerrada por mandato de su padre en Tordesillas tres años después del fatídico acontecimiento y el apoteósico enterramiento, Juana vistió el negro y entró de lleno en un declive físico y mental sin posibilidad de vuelta atrás. De hecho, disponemos de testimonios de aquellos que la visitaron y escribieron estupefactos cuál era el estado en el que se encontraba la reina. ¿Nos los tenemos que creer? Sí, podemos hacerlo, aunque probablemente estén cubiertos de exageración ante el morbo que despertaba en la sociedad del momento este personaje; el salseo rosa no es cosa exclusiva de nuestro tiempo. Así, personajes como el obispo de Málaga primero o el propio Francisco de Borja poco antes del fallecimiento de Juana dejaron por escrito la situación en la que se encontraba la soberana. No se aseaba ni peinaba, tampoco se cambiaba de ropa interior, quizá no disponía ni de una pequeña lumbre para calentarse, comía y dormía tirada en el suelo y escondía los platos de barro en los que le servían alimento debajo del jergón, por lo que el olor de la estancia tuvo que ser espantoso. Hasta se atrevieron a afirmar que podía estar poseída por el diablo, ¡válgame Dios!

El caso es que un personaje como ella, con tanto carácter y personalidad, y que desde siempre se había preocupado por el bienestar de los más desfavorecidos socialmente (se interesó en primera persona por la higiene de los prostíbulos y la alimentación de sus trabajadoras), acabase en dicho estado de depresión y dejadez solo es signo de haber sido, ella misma, una marginada en su contexto, una incomprendida mujer que recibió tortas como panes sin control a lo largo de toda su vida.

Como líder de los reyes con algún que otro problema de higiene, podemos colocar a Enrique IV de Francia (1553-1610), el primerísimo de los Borbones, por lo que alguna travesura que otra nos dejó para la posteridad. El que también fuese rey de Navarra, pero con un número menos, inauguró el «gen Borbón» por todo lo alto: fue un chaquetero de mucho cuidado en temas de religión, sufrió cerca de veinte intentos de asesinato a lo largo de su reinado y, cómo no, tuvo tantas amantes (se han contabilizado hasta cincuenta y seis romances) que se ganó el título honorífico de *Vert-Galant*, Caballero Verde, el cual incluyeron y cantaron a voz en grito los franceses en el himno que le dedicaron, *Vive Henri IV*. Su vida se puede resumir en el dicho «a Dios rogando (da igual en qué vertiente del cristianismo sea) y con el mazo dando», porque entre guerra y guerra de religión se ve que tuvo tiempo de sobra para la práctica deportiva y los escarceos amorosos, actividades que realizaba incansablemente y casi siempre una seguida de la otra. Y he aquí el problema, porque Enrique IV sufrió a lo largo de toda su vida de una sudoración excesiva que le provocaba un olor de sobaquillo totalmente insoportable. Tanto chorreaba el rey, que se llegó a afirmar que la primera de sus esposas, Margarita de Valois, tenía que mandar cambiar las sábanas cada vez que la visitaba en su alcoba.

Las malas lenguas dicen que todo lo que os acabo de contar, queridos lectores, no es más que una *fake news* difundida por la que fue una de sus amantes más famosas, la marquesa de Verneuil. Catalina Enriqueta de Balzac d'Entragues, que así de fácil se llamaba, fue la concubina cuasi oficial del rey francés tras la muerte de su esposa Margarita. La pobre tenía grandes esperanzas puestas en que Enrique hincase rodilla, pero se tuvo que sentir tremendamente *despechá* cuando se anunció públicamente su nuevo compromiso con María de Médici, dedicándose a canalizar todos sus celos y rabia interior en la divulgación de bulos sobre el monarca, entre ellos, el problema de transpiración que presuntamente sufrió.

SE VIENE BANQUETE REAL...

Si te querías ir de cena con los *royals* españoles tenías que estudiar. Porque el protocolo en torno a los banquetes reales que se dio desde Felipe II es complejo, puesto que no solo hacía referencia a la colocación del rey en la mesa, quién lo podía acompañar o el orden de los platos y la bebida, sino que tuvo a la higiene como integrante estrella.

Básicamente, porque Alfonso X ya estableció en sus *Partidas* que el único utensilio que estaría encima de la mesa sería el cuchillo; y lo de comer, ya si eso, con las manos, un gesto que llegó a considerarse de buena etiqueta. Por ello, el ritual del lavatorio de manos iniciaba, junto con la bendición de la mesa y el servicio del pan, el ansiado banquete. Otra cuestión importante fue la higiene en torno a la ceremonia de la «salva», por la que el copero mayor o mayordomo debía probar la comida y bebida servidas al monarca; pero también alrededor del «arte cisoria» o cortador de cuchillo, a quien no se le tenía permitido portar anillos con incrustaciones de piedras que pudiesen soltar algún veneno, ni tampoco estornudar, toser, eructar o bostezar; tampoco hablar, por si se le escapaba un escupitajo; sus encías debían encontrarse en perfecto estado, y su aliento, fresco como la menta. Vamos, que tras toda esta parafernalia, para cuando el rey probaba bocado, la comida estaría fría rematá.

Y EN EL OTRO EXTREMO, LOS MONARCAS QUE DESARROLLARON UN TOC POR LA LIMPIEZA

Para abrir boca y hacer la función de transición entre un extremo y otro, os traigo una de esas historias que parecen reservadas para el día de los Santos Inocentes, pero que fue real como la vida misma. La protagonista, Cristina de Suecia (1626-1689), ya apuntaba maneras siendo hija de una de las protagonistas del capítulo 12, María Leonor de Brandeburgo, y no defraudó conforme llegó a la edad adulta. Además de pasar a la historia como una mujer independiente, de gran inteligencia y cierta ambigüedad sexual, le tuvo una manía descomunal a unos bichitos que suelen aparecer a nuestro alrededor cuando la higiene brilla por su ausencia: las pulgas. Y ya tuvieron que convertirse en una verdadera plaga en palacio, pues Cristina no tuvo compasión con las pobres desdichadas y les declaró la guerra abiertamente, eso sí, ajustada a su tamaño. Para llevar su lucha hasta el éxito más rotundo y limpiar sus aposentos de cualquier atisbo de pulgas, mandó construir un minúsculo cañón de quince centímetros de longitud que lanzaba diminutas balas con las que mataba bichos sin descanso. No tenemos constancia de si logró o no su objetivo, pero el cañón se conserva en Estocolmo ¡y todavía funciona!

Y ahora que ya hemos calentado motores, vayamos de viaje hasta la corte de los Tudor, en la Inglaterra del siglo XVI. Allí, el más famoso de los reyes británicos, Enrique VIII, no solo gustaba de cortar cabezas y cambiar de esposa como de calzoncillos, sino que puso especial interés en la limpieza del hogar. Para ello, aparte de instalar lujosas letrinas y salas de baño por todos sus palacios, el monarca partía con cierta asiduidad a realizar largas giras por el país con el objetivo de reforzar la lealtad de su pueblo. Siempre iba acompañado por su inmensa corte, de aproximadamente setecientas personas, de manera que la residencia real quedaba prácticamente vacía y preparada para iniciar un proceso de deshollinamiento profundo de todos los desperdicios y desechos humanos que se hacinaban por los pasillos. Básicamente, tenían que salir por patas si no querían desfallecer a causa de la pestilencia que los rodeaba y el *royal tour* fue solo la excusa perfecta. Teniendo en cuenta que ningún miembro de la corte se podía marchar del palacio sin que el rey así lo ordenase, este tipo de escapadas tuvieron que ser de los acontecimientos más esperados. De paso, las tierras de cultivo se tomaban unas más que merecidas vacaciones tras haber tenido que alimentar a tal gentío.

Vamos, que tras lo que acabo de escribir, voy a matizar las palabras con las que he iniciado esta historia del *royal* inglés: no es que Enrique VIII fuese una persona con TOC por la limpieza, sino que cuando la mierda le comía no tenía más opción que marcharse o morir ahogado en su propia basura. Estamos, por tanto, ante un caso de higienismo extremo.

Me he dejado lo mejor para el final: Felipe II (1527-1598). Nuestro segundo Austria mayor no solo tuvo cierta predilección por un *looking* muy pulcro basado en el color negro y nada de ostentación, sino que se obsesionó hasta cierto punto con la higiene personal, la alimentación y la salud. Lo que calificaríamos ahora como un hipocondríaco de mucho cuidado y, en el momento, como un seguidor acérrimo de Claudio Galeno y sus seis cosas no naturales. Cuidaba su higiene íntima, su talante, su manera de vestir, de hablar, de relacionarse, no asistía a grandes banquetes o fiestas, tampoco mantuvo una relación apasionada con ninguna de sus cuatro esposas (no por falta de cariño en alguno de esos matrimonios) y así un largo etcétera que no evitó al monarca sufrir siempre de una salud delicada y pasar los últimos diez años de su vida padeciendo una enfermedad continua. Esta insistente preocupación por la limpieza personal se extendió, como era lógico, al ámbito palaciego, y ante la mirada envidiosa de los cortesanos de Enrique VIII, los que compartían su día a día con Felipe dijeron de él que «no podía tolerar una sola pequeña mancha en la pared o en el techo de sus habitaciones». Y decir, como se ha especulado después, que murió de piojos…, ¡menudo atrevimiento! Desde luego, su choza en San Lorenzo de El Escorial se ha mantenido impoluta.

6

Usos gozosos
de la orina

TOMA BUENA NOTA DE TODOS LOS TRUQUITOS HIGIÉNICOS QUE TE VOY A DAR EN ESTE CAPÍTULO; CON LA QUE ESTAMOS LIANDO EN LA TIERRA, QUIZÁ TE VENGAN DE PERLAS EN UNAS POCAS DÉCADAS.

Piojos cría el cabello más dorado,
legañas hace el ojo más vistoso,
en la nariz del rostro más hermoso
el asqueroso moco está enredado.

Atribuido a Francisco de Quevedo
Manuscrito de Évora

S i ya empezamos así, querido Quevedo, mal vamos a acabar este capítulo, pues parece que el Siglo de Oro español superó en falta de higiene a cualquier época anterior. Por lo menos, llevó el uso de la orina como elemento predilecto del cuidado personal a un nivel superior. Pero, por más que sus residentes se empeñaron en utilizarla, no sirvió de mucho. Y que no se crean especiales por ello, ya que ese líquido doradito que expulsamos por nuestro cuerpo varias veces al cabo del día no tuvo siempre como parada obligatoria las sucias y maloliente alcantarillas actuales, sino que estuvo tan cotizado en ciertos momentos de la historia que, recordemos, llevó a los romanos a pagar un impuesto por meada. Es decir, que si hubo dinero de por medio, poca más justificación a su importancia puedo aportar. Solo queda, querido lector, que tras empaparte de la dorada información de este apartado valores por ti mismo, y desde el conocimiento pleno, si fue tan útil como la pintan.

MEAR FUERA DEL TIESTO

Casi que podríamos aplicar este refrán al pie de la letra, puesto que los diferentes usos que se le otorgaron a la orina a lo largo de la historia estarían totalmente fuera de contexto para nosotros. Al menos, albergo la esperanza de que a nadie se le haya ocurrido lavarse los dientes con *el dorado* en la actualidad. Una práctica que, por el contrario, sí fue muy común entre nuestros antepasados, porque oye, si quitaba las manchas de la ropa y la blanqueaba, ¿no iba a hacer lo mismo con los dientes? Ellos estaban convencidísimos de su potencial y ya desde época prerromana se convirtió en un *must* de la higiene bucal. No se desperdiciaba ni una gota y aquella que no iba destinada a las lavanderías tenía como destino final la boca, siendo usada directamente como enjuague. Si bien, en ciertos momentos se intentó combinar con otros productos para hacer de dicha práctica algo más agradable. Mismamente, los romanos gustaron de añadir a la orina un poquito de piedra pómez, y los vecinos de los siglos XVI, XVII y XVIII intercalaron su uso con el de una pasta blanca hecha a base de azúcar y almidón, hoy en día utilizada para recubrir algunos dulces y conocida como alcorza. Es decir, que no ayudaría para nada con las caries, a lo que se suma que era bastante más cara por sus ingredientes, así que al final acababan abusando del colutorio dorado, aceptado por muchos expertos de la época como la mejor solución para el tratamiento de las caries. Era eso o acudir al «dentista» de pega, también conocido como barbero, para que procediera a arrancarles la muela con los primeros alicates que pillase por banda y sin anestesia de regalo.

A pesar de los esfuerzos, la mayoría de los habitantes del pasado sufrieron, y mucho, de problemas bucodentales que, en ocasiones, los conducían irremediablemente hasta la muerte. La sonrisa perfecta rara vez se dio y lo normal era que más de un diente brillara por su ausencia incluso en la boca de los más pijos del lugar. Con todo, este no fue el motivo principal por el que los retratos históricos que nos han llegado presenten a personajes con la boca cerrada, pero sí que despertó entre algunas importantes damiselas grandes complejos. Una de ellas fue la reina María Luisa de Parma, esposa del pachón de Carlos IV (1748-1808), quien recurrió a la dentadura postiza para poder vivir algo más tranquila y dejar a un lado el tremendo *hate* que estaba recibiendo, entre otras muchas cosas, a causa de sus problemas dentales. Parece ser que los veinticuatro embarazos que tuvo y la vidorra que se pegó como consorte mermaron su salud hasta el punto de dejarla prácticamente sin dientes, por lo que recurrió a unos artesanos de Medina de Rioseco para que le fabricaran una preciosa dentadura postiza de porcelana. Y tan chula que fue la tía a partir de ese momento, sonriendo por la vida, hasta que llegaba la hora de comer, momento en el que se la quitaba sin ningún tipo de reparo delante de todos los comensales. Dicen las malas lenguas que así fue en un almuerzo de alto *standing* junto a Napoleón Bonaparte y su esposa Josefina durante las abdicaciones de Bayona. Allí todos fliparon con los dientes de María Luisa, hasta que prácticamente los escupió sobre la mesa para poder empezar a comer. La verdad es que los modales y el protocolo no eran su fuerte, y, a pesar del impacto tan negativo que causó entre los presentes, la propia Josefina parece que pidió referencias del artesano que había realizado tal obra dental, porque la emperatriz empezaba a perder alguna que otra pieza y no podía quedar por detrás de la española en tendencias.

La medalla de oro a la mejor orina la ganaron los lusitanos

Igual que hoy en día no entendemos cómo algunas modas llegan a serlo, los historiadores no terminan de comprender por qué la orina de los habitantes de la Lusitania hispana tomó tal fama que llegó a ser la más cotizada del momento. En el Imperio romano lo tenían claro, el mejor dentífrico que podían utilizar si querían conservar sus dientes intactos era el que tenía como compuesto principal la meada de los lusitanos. ¿Cómo se ha intentado justificar esta particular elección? Apuntando a la dieta de estos individuos, muy rica en alimentos ácidos, lo que hacía de su orina la más potente. Otra justificación pasaría por la fama que tenían de matones en todo el Imperio, hombres fuertes, valientes y fieros, por lo que ¿y si su orina transmitía estas virtudes a aquel que la usase? Por probar que no quedase, y por pagar una millonada por el dorado, tampoco.

TERAPIA URINARIA

Aunque podríamos considerar el uso de la orina a modo de enjuague bucal como un auténtico remedio terapéutico contra el dolor de muelas y encías, la locura de antídotos y medicamentos que fueron surgiendo con el paso de los siglos cuyo ingrediente estrella fue el pis casi normalizan lo anterior. En la Antigüedad clásica, grandes escritores como Plinio el Viejo y médicos como Dioscórides sacaron su capa de magos y plantearon remedios que dotaron a la orina de un poder prácticamente sobrenatural que podía contribuir a la cura de enfermedades o dolencias tan variadas como la gota o la mordedura de un perro. También contribuye a mejorar la piel que ha estado expuesta al sol o el frío extremos, por ello Azarías, uno de los más queridos protagonistas de *Los santos inocentes*, acostumbraba a lavarse las manos con su propio pis para que no se le agrietasen con el frescor mañanero. Y es que los ejemplos que aportan los dos sabios citados son bien curiosos: catalogan de milagrosa la capacidad de la orina de curar una herida inmediatamente si se toca su parte externa con una gota de tu propia micción; fortalece la visión si se aplica directamente sobre los ojos; la que ha salido del cuerpo de los eunucos se puede usar para realizar maleficios contra la fecundidad; y si se cuece junto a algún otro ingrediente, sus vapores pueden provocar la menstruación femenina.

Hablando de fecundidad y menstruación, lo de utilizar la orina de la mujer para saber si se está en estado de buena esperanza no es algo reciente, sino que viene siendo una práctica muy común con multitud de variables y miles de años de historia detrás. La más antigua de ellas parece ser la que se practicaba en el Egipto faraónico y de la que hay testimonios en épocas posteriores hasta bien entrado el siglo XX. Consistió en usar dos saquitos rellenos de semillas de trigo uno y semillas de cebada el otro sobre los que la mujer debía hacer pis. Si germinaban, ¡gran noticia para la futura mamá! —o no—. Si por el contrario se quedaban igual que antes de la meadilla, tenía que seguir probando suerte. La «brujería» iba un paso más allá porque, además, podía saber el sexo del bebé, ya que si era el saquito de trigo el que respondía positivamente a la orina sería niña, mientras que si era el de la cebada habría niño a la vista.

Y cuidado con reírnos de esta técnica, pues a mediados del siglo pasado un equipo de especialistas estadounidenses llevó la prueba a experimentación para concluir que tenía un 70 % de efectividad.

Con la llegada de la Edad Media, y sobre todo durante el Siglo de Oro, la técnica se pulió y simplificó a partir del uso de una aguja. Esta era introducida en un pequeño recipiente de barro dentro del cual la mujer había miccionado y, tras el paso de la larga noche, se procedía a la comprobación pertinente: si habían aparecido unas manchas rojizas en la aguja, el resultado era positivo, si el pequeño instrumento permanecía intacto, de nuevo a seguir intentándolo. Bastante más asequible, ¿no creéis? Tanto que con el paso de los siglos tuvieron que complicarlo hasta el punto de meter en el embrollo a los pobres animalicos. Concretamente, ratones hembras a las que a principios del siglo XX se inyectaba el pis de la mujer que quería conocer si estaba embarazada o no. Cuando los pequeños ovarios de este animal se hinchaban y crecían de tamaño, el resultado era positivo, porque para negativo ya estaba el sacrificio innecesario de este ser vivo que tanto repelús despierta en la sociedad. Menos mal que ahora con un palito nos vale, aunque el ingrediente principal sigue siendo el mismo.

Como ingrediente lo es la penicilina de la orina, al menos de la de aquel que la haya tomado. Sí, esa maravilla de la medicina que comenzó a aplicarse como antibiótico a partir de los años 40 del pasado siglo. Resulta que, desde su descubrimiento en 1928 de la mano de Alexander

Fleming, su fabricación en grandes cantidades fue una tarea de lo más compleja: se necesitaban miles de litros de fluido de moho para poder curar a un solo paciente. Hasta que se dieron cuenta de que casi el 95 % de la penicilina que se administraba estaba siendo excretada por la orina. ¿Solución? Reciclaje al canto. Sobre todo durante la Segunda Guerra Mundial, cuando fue más necesario que nunca antes suministrar este medicamento a los soldados heridos. En dicho contexto se comenzó a recoger el pis de todos aquellos que habían sido medicados con penicilina durante las cuatro horas posteriores al tratamiento para, automáticamente, inyectársela a otros tantos. Un gran ejemplo de economía circular, sí señor.

Se viene curiosidad histórica

Tradicionalmente se ha dicho de los miembros de la realeza que tienen la sangre azul. Pero ¿y si te dijese que hubo un *royal* que, además, tuvo la orina de este color? Hablo del inglés Jorge III (1738-1820), conocido como el pirado monarca que perdió América, pero cuya locura estuvo provocada al parecer por la enfermedad que sufrió durante toda su vida, la porfiria. Esta afección le provocaba, además de estados de desorden mental absoluto, que su cuerpo no produjese con

normalidad la hemoglobina, encargada de trans-
portar el oxígeno, lo que se traducía en que su pis
fuese de un tono entre azulado y morado que in-
quietaba a sus médicos. Estos, dándoselas de expertos, no dudaron en suministrarle dosis controladas de arsénico, o lo que es lo mismo, lo estaban
envenenando poco a poco. Con todo, fueron considerados al combinar este veneno con extracto
de gentiana, una planta cuya flor es de un color
entre morado y azul, así que quizá se estaban
retroalimentando...

LA INDUSTRIA DEL PIS

Desde la limpieza del textil más delicado hasta la fabricación de pólvora, pasando por su empleo en la elaboración del pan, la orina valió *pa to*. Creo que esta idea ha
quedado más que clara. La pena es que no sigamos usán-
dola y se desperdicien tantos litros a diario por el retrete.
Pero bueno, nos quedaremos con que en momentos de
necesidad jugó más que bien su papel.

Un buen ejemplo lo encontramos en el pan. Para su
fabricación hace e hizo falta trigo, y mientras que ahora
utilizamos fertilizantes químicos para hacerlo crecer en cantidades industriales, en otro tiempo histórico se utilizó la
orina, a lo que nadie puso pegas si quería ingerir casi el

75 % de su comida diaria. Igual de importante fue para la producción de salitre, y así queda reflejado en algunos manuales de la segunda mitad del siglo XIX. En ellos se especifica que una cantidad generosa de estiércol, mezclada con hojas, ceniza y paja, todo metido en un hoyo y regado sin vergüenza con abundante pis para que mantuviese la humedad, podía generar un nitrato de potasio de gran calidad y que constituía el ingrediente principal de la pólvora junto con el carbón y el azufre.

En este mismo contexto industrial, los ingleses del Medievo echaron la vista atrás y siguieron de cerca el uso que los antiguos romanos habían dado a la orina empleándola para fijar los tintes de color a la tela, dado su alto contenido en amoniaco. Se puso tan de moda que hasta la ciudad de Yorkshire llegaban barriles con el pipí de ingleses repartidos por todo el país (se estima que de unas mil personas al año). Una «industria» textil que no entendía de clases sociales. Ya podías portar la corona más grande y pesada en tu cabezota de rey, que si querías una túnica roja tenías que pasar por el aro, como todo el mundo.

SE VIENE TORTURA INQUISITORIAL CON EL PIS COMO PROTAGONISTA

Me refiero a la picota en tonel, un castigo o tortura de origen austriaco que aplicó la Inquisición cuando de borrachos se trataba. Con el objetivo de poner en vergüenza pública al embriagado en cuestión, se le metía dentro de un tonel que podía ser de dos tipos: con su fondo abierto o cerrado. El primero de ellos tenía como objetivo que el castigado caminase por las calles con él a cuestas; y pesaba mucho, por lo que le producía un intenso dolor, algo de lo que seguramente se recuperaría. El problema venía con el segundo tipo, el tonel cerrado, el cual se llenaba de estiércol, agua en malas condiciones y, atención, muchísimo orín. Tras permanecer larguísimas horas con casi el cuerpo entero a remojo, muchos de estos condenados borrachuzos morían a consecuencia de alguna infección transmitida por semejante asquerosidad.

7

LAS RESACAS EN VERSALLES ERAN UNA *MERDE*, LITERAL

Oh là là! Versalles, sinónimo de lujo, riqueza, ostentación, fiestas... y fetidez, peste, hedor. Como quieran llamarlo, pero mal olor por todos sus rincones. Porque si algo echaban en falta los invitados de Luis XIV cuando se dejaban caer por palacio para disfrutar de un estupendo baile eran los baños, con sus valiosas letrinas. A ver, alguno que otro había, sobre todo en los aposentos destinados a la nobleza y a los reyes, pero en su mayoría eran portátiles o simples orinales y las dimensiones del palacio y la cantidad de gente que lo habitaba y transitaba cada día era tal que, en ocasiones, no les daba tiempo a llegar a la *toilette* en cuestión; y aprovechaban cualquier esquina para echar una meadilla (con suerte, solo pis).

Porque Versalles, aunque empezó como un austero pabellón de caza durante el reinado de Luis XIII, acabó convirtiéndose, a partir de 1661 y ya bajo el reinado del Rey Sol, en el pomposo y exorbitante conjunto arquitectónico que hoy conocemos, de aproximadamente 67 000 metros cuadrados, 2300 estancias —de las cuales 700 estaban destinadas a dormitorios—, 483 espejos, 1252 chimeneas —actualmente se conservan 352— y más de 2000 ventanas (gracias a Dios, porque la ventilación era más que necesaria); a lo que tenemos que sumar las 800 hectáreas de jardines, con sus 210 000 flores y 200 000 árboles estupendos para evacuar todo lo no natural durante un apretón espontáneo. Tanto como para no encontrar ni rastro de los baños, algo que cuesta creer teniendo en cuenta la categoría de los arquitectos que estuvieron a cargo de la obra, Louis Le Vau, Jules Hardouin-Mansart y Charles Le Brun.

Pero pobres, no les vamos a echar la culpa solo a ellos, puesto que también debemos tener en cuenta que eso de disponer de una letrina o retrete con «agua corriente» era una moda que iba a tardar todavía unos años en llegar hasta el palacio francés. De hecho, el primero que se instaló en el edificio fue en 1738, en los aposentos reales ocupados por el entonces rey Luis XV, una pieza que ya contaba con descarga de agua y todo. Hasta ese momento, ¿cómo se solucionaba el problema de las defecaciones y orines? Con la respuesta a esta pregunta entenderéis perfectamente el porqué del nauseabundo olor de Versalles.

Sentir la llamada de la naturaleza en la corte del Rey Sol

Contextualicemos primero un poco para abordar mejor el problema después. Luis XIV trasladó oficialmente la corte y Gobierno de Francia al palacio de Versalles en 1682, que estaba todavía a medio gas, convirtiéndolo en símbolo por antonomasia de la monarquía absoluta. A partir de esa fecha, en torno a unas 3000 personas convivieron a diario en dicho lugar, que veía cómo sus inquilinos aumentaban hasta los 20000 con ocasión de importantes actos y celebraciones. Pues bien, palacio ponía a disposición de todos ellos poco más de 300 «sanitarios» (una silla con un agujero en medio o simplemente un hueco abierto en el suelo), ubicados en lugares supuestamente estratégicos que gozaban de cierta ventilación para evitar los malos olores y quedaban un tanto alejados de la muchedumbre. Además, los sirvientes tenían orden directa de mantenerlos limpios, pero al tener también que atender a las necesidades de los cortesanos, servir, mantener las estancias lo más limpias posible y participar en las labores de mantenimiento y restauración del palacio, como que lo de recoger mierda lo dejaban para el final, es decir, a veces nunca lo hacían. Esto provocó que durante las grandes aglomeraciones que tenían lugar en la época de más esplendor de Versalles, los sanitarios se saturasen más pronto que tarde, llenando paredes y suelo de heces y pis y dejando un hedor insoportable, incluso para los que se alojaban en estancias contiguas, como experimentó el mismísimo Voltaire en una de sus estadías en palacio. Es decir, en Versalles ¡el mal olor traspasaba hasta las paredes! Unas paredes que, durante el invierno, también tenían el honor de impregnarse de hollín dada la mala eficiencia de las chimeneas que se habían instalado, lo que sumado a la cantidad de polvo y suciedad que acumulaban los trajes que los habitantes de palacio vestían, nos lleva a concluir que vivir en Versalles fue todo un exceso...

¿Cuál fue la consecuencia más inmediata de este colapso de porquería? Pues que tanto habitantes como invitados terminaron por hacer sus necesidades allí donde pillaban, y tenemos testimonios de primera mano que así lo demuestran. Por ejemplo, las numerosas y minuciosas descripciones que la princesa Elizabeth Charlotte, conocida como Madame Palatine, dejó en sus cartas tras las visitas y estancias que realizaba a la corte del Rey Sol. En ellas contaba cómo los cortesanos hacían sus necesidades en los pasillos, justo enfrente de sus aposentos, incluso cuando tenían la puerta abierta, sin ningún tipo de miramientos. En el caso de Louis de Rouvroy, duque de Saint-Simon, habitual en Versalles y conocido por sus memorias en torno al palacio, relató que algunos miembros de la corte orinaban sin decoro alguno entre cortinajes y pasillos y que las mujeres solían portar una pequeña palangana escondida en sus faldas que utilizaban para orinar cuando sobrevenía el apretón y cuyo contenido vertían automáticamente después en la sala en la que se encontrasen. Esto las más «recatadas», porque el duque pone el ejemplo concreto de Françoise de Brancas, princesa de Harcourt, a la que no apreciaba demasiado y de la que nos cuenta lo siguiente:

> Desesperaba a aquellos con los que iba a cenar, porque hacía sus necesidades sin levantarse de la mesa y otras veces no tenía tiempo para llegar y dejaba tras de sí un rastro espantoso que hacía que los sirvientes quisieran mandarla al diablo. No se molestaba lo más mínimo, se levantaba la falda y se iba, diciendo que se encontraba indispuesta.

Antes muerta que pudorosa. Pero el duque no se quedó con esta única anécdota y siguió repartiendo candela a diestro y siniestro, hablando incluso de los jardines, que, según su testimonio, estaban cubiertos de fango y adornados por fuentes que, la mayor parte del tiempo, no gozaban de un agua limpia y cristalina, sino de una verde y mohosa que hacía que pasear por las zonas naturales del complejo tampoco fuese tarea agradable para las refinadas narices galas. Igualmente difícil lo tenían si pretendían llegar con los bajos de los pomposos vestidos y los zapatos más o menos limpios y servibles para darles un segundo uso. Y es que al fango debemos sumar las deposiciones de los peluditos, tanto gatos como perros, que vivían en Versalles tan tranquilamente (muchos de ellos mascotas de los propios reyes y reinas), que en vista de los dueños que tenían podemos asegurar que no recibieron el adiestramiento básico canino, es decir, hacer pis y caca durante los tres paseítos de rigor al día. ¡Para qué! Con la de hectáreas de jardín y metros cuadrados de palacio de que disponían y lo guarros que eran sus amos, mejor seguir sus pasos y dejar premio allá donde pillasen, con la fortuna de que algún cortesano paseante pisase el truño y se fuese de Versalles con varios años de suerte. Pero ¿qué podemos esperar de una corte en la que al propio monarca, Luis XIV, se le antojaba de cuando en cuando hacer sus necesidades mientras recibía en audiencia pública a sus súbditos?

¿UNA PINZA DE NARIZ PARA EVITAR EL MAL OLOR? SÍ, POR FAVOR

Dicho esto, y con suficiente mal sabor de boca por el momento, algún remedio tuvieron que buscar para poder sobrellevar el hedor imperante en la corte, ¿no? Bien, para empezar se aumentó el número de lacayos cuya misión exclusiva en palacio era limpiar sin descanso esas esquinas, pasillos y letrinas infestadas de desechos humanos, que, como era de esperar, fue insuficiente. Por otro lado, estaba más que generalizado el uso del lino en ropajes interiores y sábanas al considerar que este material absorbía la suciedad y la fetidez. A nivel personal, los aristócratas parece que pusieron empeño en cubrir el olor nauseabundo de sus cuerpos a través de variadas soluciones caseras que, en ocasiones, hacían honor al refrán «peor el remedio que la enfermedad». Estas tenían como protagonista indiscutible al perfume, aunque también hicieron uso de unas bolsitas que colgaban de sus ropajes y que contenían flores y plantas perfumadas o bien, directamente, se embadurnaban de perfume a base de ámbar y almizcle tan sumamente fuerte que el propio Luis XIV achacaba sus intensos dolores de cabeza a ese olor. Para las estancias de palacio tenían dos opciones, o vaporizarlas con esencia de azahar o colocar infinidad de cuencos con líquidos perfumados.

SE VIENE SALSEO

Cuentan las malas lenguas que María Antonieta, siendo todavía delfina de Francia, paseaba una mañana tranquilamente por los jardines de Versalles junto a su cuñada, la *comtesse* de Provence. Iban en dirección a los aposentos de Madame Victoire, cuando decidieron hacer un receso en su camino y parar a charlar en uno de los patios, con tal mala suerte que uno de los sirvientes de palacio decidió en ese momento vaciar a bocajarro el contenido nocturno de un orinal que vino a caer sobre nuestras protagonistas, a las que dejó bien pringaditas.

Este suceso pudo quedar en una mera cagada monumental del sirviente por no comprobar si había alguien debajo, pero no fue así, porque la habitación por la que el desagradable contenido fue vertido pertenecía a Madame Du Barry, la favoritísima del rey Luis XV, su amante oficial y enemiga acérrima de María Antonieta, con quien mantenía un enfrentamiento público en la corte francesa.

Un problema mayor lo encontramos con el tema baños, porque eso de ponerse a remojo una vez al día era impensable, pero es que una vez a la semana tampoco colaba. Y si hablamos de hacerlo en agua caliente, todavía peor; primero, por la dificultad de trasladarla hasta los aposentos sin que se enfriase por el camino, y segundo, porque muchos médicos del momento la desaconsejaban al pensar que abriría los poros de la piel y dejaría entrar al cuerpo las enfermedades. Para suplir esta carencia e intentar asearse lo más asiduamente posible, los cortesanos y el propio monarca solían lavarse manos y cara todas las mañanas, así como frotar su cuerpo con una toalla humedecida que, en ocasiones, también embadurnaban en alcohol o perfumes. Además, se cambiaban varias veces al día de camisa y ropa interior intentando así mantener un olor corporal aceptable. Y todo esto lo hacían teniendo a su disposición alguna que otra bañera de mármol.

La higiene bucal también tuvo su importancia y para evitar la halitosis surgieron remedios tan interesantes como asquerosos. Uno muy común fue la combinación de ramas de romero quemadas y mezcladas con sus propias hojas, lo que daba lugar a una especie de pasta que se embadurnaba en un paño de lino y se restregaba por los dientes. La menos común y aparentemente saludable, pero no por ello poco conocida en la corte, pues ya sabéis de su fama, fue la esencia de orina como sucedáneo del enjuague bucal. Remedios que no fueron del todo exitosos en algunos de los personajes más destacados de la corte francesa, como el mismísimo rey, Luis XIV, al que se le infectaban las encías a menudo y le faltaban numerosas piezas de la dentadura.

REFORMAR EL PALACIO O MORIR

Hasta aquí, todo más o menos correcto. Pero claro, solo era cuestión de tiempo que la situación sanitaria de Versalles se descontrolase debido a esa clara falta de higiene tanto de sus habitantes como del conjunto arquitectónico en sí. El año clave fue 1734, cuando a los continuos problemas de parásitos intestinales se sumó una epidemia de fiebre tifoidea, una enfermedad que suele transmitirse por agua o alimentos contaminados y que se cargó a casi la mitad de las personas que rondaban por palacio. Según las fuentes, la causa pudo estar en la corrupción de las aguas urbanas y, por ende, del estanque de Clagny, único recurso hídrico del que podía abastecerse la plebe de Versalles y en el que desembocaban los drenajes de sus colapsados pozos negros. El impacto de esta epidemia fue tal que la solución pasó por llevar a cabo la primera gran obra de mejora de las condiciones sanitarias del enclave. Para lo que, en primer lugar, se drenó y limpió el principal foco, el estanque, se eliminaron las aguas residuales que inundaban las calles, se construyeron nuevos alcantarillados y las grandiosas fuentes que presidían los jardines dijeron adiós a su característico moho y fetidez para dar la bienvenida a aguas puras y cristalinas que venían directamente del Sena a través de la mejorada máquina de Marly, situada a siete kilómetros.

Ahora bien, ¿cómo solucionaron la falta de letrinas y el continuo colapso de boñigas? Bueno, esto fue más complicado y hubo que esperar unos pocos años para ello, hasta 1738. ¡Menos mal que ya estaba Luis XV en el trono! Un monarca que, tras una limpieza en profundidad del complejo y la remodelación de las estancias reales, decidió instalar en las mismas el primer inodoro con descarga, tal y como señalé al comienzo. Sobre un suelo de mármol y rodeado de paredes de madera, este novedoso instrumento de alivio personal creó tendencia y en 1749 la envidiosa de Madame de Pompadour hizo que instalasen un segundo inodoro de este tipo en sus aposentos. Con todo, para el año en el que estalló la

Revolución francesa solo se habían instalado nueve y todos ellos pertenecían a la familia real, lo que nos lleva a deducir que el inmenso número de cortesanos que seguían pululando por Versalles día y noche también continuaban haciendo sus necesidades en letrinas u orinales. O eso queremos creer.

8

Aquí huele a muerto

CUANDO VISITÉIS UNA IGLESIA, SEA DE LA CATEGORÍA QUE SEA, FIJAOS EN EL SUELO, ENCONTRARÉIS NUMEROSOS VESTIGIOS DE ESOS ENTERRAMIENTOS, ALGUNOS DE ELLOS MUY RECIENTES, FRUTO DE ESA EXCEPCIONALIDAD QUE YA RECOGÍA LA REAL CÉDULA DE CARLOS III.

E so de que «el papa y el monaguillo se van del mundo por el mismo portillo» tuvo que ser una especie de *leitmotiv* durante la Baja Edad Media y la Edad Moderna en toda Europa, dada la costumbre que adoptaron nuestros ancestros de hacerse enterrar en iglesias, monasterios, conventos e incluso catedrales sin que una gota de sangre noble corriese por sus venas. Estos fiambres de tercera llegaron a saturar de tal manera los templos cristianos de nuestro país que, allá por el año 1787, el rey Carlos III, alias «el mejor alcalde de Madrid», no tuvo más remedio que legislar al respecto para intentar sacar a los muertos de las iglesias y darles sepultura como Dios manda, es decir, en los cementerios.

Bueno, como Dios mandaba en el siglo XVIII, porque 400 años antes el que dirige los cielos parece que pensaba de otra manera. O eso creían tanto fieles como eclesiásticos, que fomentaron las inhumaciones en el interior de los edificios sagrados con la excusa de la protección que podían otorgar a los difuntos reliquias, imágenes sagradas o rituales diarios que allí se llevaban a cabo. Y se vinieron muy arriba, porque al poco tiempo de generalizarse esta práctica el hedor a putrefacción no lo ocultaba ni el incienso más caro, y la insalubridad reinante en estos espacios sagrados empezó a afectar a la población viviente.

De catacumba a tumba, los muertos retumban

Pero basta de *spoilers* y vayamos hasta los orígenes de esta poco o nada higiénica costumbre que tiene un germen más reciente del que el lector pueda pensar y una legislación en su contra mucho más antigua que su propia práctica. Y es que ya en tiempos de la República romana (509-27 a. C.) el debate en torno al lugar en el que celebrar inhumaciones e incineraciones estaba encima de la mesa y quedó por escrito en la Ley de las XII Tablas (siglo V a. C.). Concretamente, en la tabla X, dedicada exclusivamente a este tema y que determinaba la obligación de que el *pomoerium* —o recinto sagrado de la ciudad— debía quedar libre de cualquier fetidez o miasma que pudiesen dar lugar a impurezas de tipo religioso. Es decir, los muertos, mejor extramuros.

Y si bien hubo numerosas excepciones, así fue hasta la llegada por la puerta grande del cristianismo a Roma, y con esta nueva religión, de las catacumbas. Estos cementerios subterráneos fueron en un primer momento compartidos con judíos y paganos, para más tarde, a finales del siglo II, albergar únicamente tumbas cristianas, miles de ellas en algunos casos (imaginad el aroma). Ante el crecimiento demográfico del momento y el nuevo gusto por la inhumación, surgieron como un modelo de enterramiento colectivo en el que tanto el pudiente como el desamparado pudiesen optar a un nicho donde depositar su cuerpo serrano. Mas no penséis que este acto estaba revestido únicamente de solidaridad; se trataba más bien de una estrategia para ahorrar costes debido al altísimo precio que tenía por aquel entonces el suelo de Roma, se encontrase dentro o fuera de las murallas.

El caso es que en las catacumbas también fueron enterrados algunos de los primeros mártires del cristianismo, por lo que más pronto que tarde se convirtieron en lugar de culto por parte de los fieles, que si bien no se reunían allí para celebrar la eucaristía o para refugiarse de las persecuciones romanas tan frecuentemente como la tradición historiográfica nos ha hecho creer, sí que las visitaban muy a menudo para venerar las reliquias que se guardaban en su interior, desarrollando en torno a ellas un importante necroturismo. Así que no os creáis ahora más modernos por visitar cementerios cuando vais de viaje.

Tanta importancia tomó esta especie de romería de pueblo a las catacumbas por parte de los antiguos cristianos que el emperador Constantino, en el año 313, y tras sacar adelante el Edicto de Milán, las transformó en verdaderos lugares de peregrinación y forzó el traslado de los enterramientos al exterior, junto a las basílicas conmemorativas que se construían como churros en torno a las reliquias del mártir en cuestión. Además, los obispos de Roma pusieron toda la carne en el asador para que estos lugares tuvieran afluencia de peregrinos y aquellos personajes privilegiados y «merecedores» de un enterramiento vip adquiriesen una sepultura en el lugar más cercano al mártir, algo que consiguieron gracias a una efectiva campaña propagandística. Con todo, los esfuerzos papales por mantener estos lugares de culto, que incluso mandaban restaurar de cuando en cuando, no fueron suficientes a partir del siglo VI, cuando dichos espacios quedaron medio abandonados y cayeron en el más absoluto olvido.

SE VIENE EXPOLIO

1578 fue el año en el que las catacumbas paleocristianas salieron del más profundo olvido y comenzaron a despertar cierto interés en el tumultuoso contexto religioso de la Contrarreforma. El hecho causante fue el accidental descubrimiento, en mayo del citado año, de uno de estos enterramientos subterráneos ubicado en la romana vía Salaria. Su excepcional estado de conservación movilizó a los fieles, que acudieron en masa a visitar las galerías y rezar en su interior. El avispado papa de aquel momento, Gregorio XIII, mandó una cuadrilla de expertos al lugar, de manera que corroborasen la antigüedad y autenticidad del mismo, así como la presencia de restos de importantes mártires cristianos. Y vaya si lo hicieron: descubrieron cientos de ellos, o al menos eso dijeron. Pero al papa le bastó para dar la orden de sacar los martirizados huesos de sus tumbas y ser repartidos por todas las iglesias e instituciones católicas de Europa ubicadas en aquellas regiones que habían visto triunfar el protestantismo. Una vez instalados en sus nuevos hogares y sin mucho interés por saber si verdaderamente pertenecieron a los mártires que el Vaticano les dijo, los huesos fueron engalanados con perlas, seda y todo tipo de elementos de orfebrería, sin reparar en gastos, con el fin de presentarlos al fiel y peregrino como los auténticos protectores y representantes de la primigenia Iglesia cristiana.

Por lo tanto, ¿estamos ante el origen de los posteriores enterramientos medievales dentro de las iglesias cristianas que tantos dolores de cabeza dieron a los «expertos» sanitarios de aquellos siglos? Yo iría directa al «claro que sí, guapi».

CREANDO MEMORIA HISTÓRICA

Ahora bien, no penséis que, olvidadas las catacumbas, los templos comenzaron automáticamente a acoger enterramientos como si no hubiera un mañana, porque esta fue una práctica que se generalizó más bien en el siglo XIII. Hasta ese momento y desde el abandono más absoluto de las galerías subterráneas, el tema de la muerte y las inhumaciones como que perdió fuelle, se desinfló, y el cristiano de a pie disfrutaba la vida terrenal (en la medida de sus posibilidades, ya me entendéis) sin inquietarse o torturarse por la salvación de su alma tras la muerte. Si a esto sumamos que siguió calando hondo la tradición romana del enterramiento como algo apartado de la urbe y que a los eclesiásticos de la Alta Edad Media no les hacía mucha gracia que sus templos se llenasen de fiambres malolientes (de hecho, estaba prohibido), la mayoría de los enterramientos de este periodo seguirán encontrándose extramuros, aunque ahora en superficie, con el objetivo de ser vistos y crear memoria colectiva. Con todo, hubo excepciones y privilegios que, como no podía ser de otra manera, cayeron en manos de los *royals* más cotizados. Desde Clodoveo I, pasando por Carlomagno y llegando hasta Fernando I de León, reyes, reinas, nobles y alto clero se dejaron la carne en el asador por encontrar un lugar de enterramiento cercano a Dios, no fuera a ser que el alma se perdiese por el camino y acabase accidentalmente en el averno.

Además, pusieron un especial empeño en aglutinar la mayor cantidad de discutibles reliquias y santos cadáveres en los templos y monasterios, porque, ya sabéis, primero es Dios que los santos, pero por si acaso, ahí quedaban. De este modo, desde el siglo VI y hasta el citado siglo XIII, los únicos que pudieron ser inhumados en pórticos, atrios, galileas e incluso panteones reales, junto a los templos y monasterios, fueron aquellos por cuyas venas corría sangre azul.

¿Qué pasó entonces para que a la plebe se le metiese entre ceja y ceja que ellos también debían estar enterrados lo más cerca de Dios y no donde Cristo perdió la alpargata? Parece ser que los frailes mendicantes jugaron aquí un papel primordial, difundiendo un mensaje totalmente diferente al de siglos anteriores, que hasta papas como Gregorio IX —en 1228— apoyaron emitiendo bulas para que los fieles pudieran ser enterrados en las iglesias y cementerios pertenecientes a estas congregaciones. El foco se ponía entonces en que nadie tenía asegurada la salvación del alma, por lo que se hacía más que necesario utilizar las plegarias, rituales y reliquias «facilitadas» por la Iglesia para tal fin. Para más inri, la distinción entre cuerpo muerto y cuerpo resucitado apareció por todo lo alto y se tornaba necesario encontrar un buen suelo consagrado donde dejar descansar los huesos hasta la esperada resurrección. A cambio, el fiel de a pie llegaba a endeudarse de una manera descomunal con el fin de tener garantías espirituales en este sentido, por lo que no es de extrañar que el pago de la cuota *pro anima* y la redacción de testamentos se pusieran tan de moda durante el Medievo. La primera nos confirma que los fieles y no tan fieles llevan rascándose el bolsillo para palmarla desde hace siglos, cediendo a la Iglesia bienes patrimoniales a destajo o, en su defecto, unas cuantas monedillas para las misas y oraciones de rigor; la elaboración y firma de testamentos, además de tener la función que todos conocemos, ratificaba la cuota *pro anima* del testador, no fuera a ser que se despistase el personal y el alma se quedase pululando por el limbo, y ese no era lugar para un buen cristiano.

Así, entre el ansia de los fieles y cierto interés económico por parte de la Iglesia (que llegó a realizar subastas públicas de sepulcros), se generalizó la costumbre de las inhumaciones masivas en templos, conventos, monasterios y claustros, convirtiéndose en un verdadero negocio. Aunque para la plebe la realidad pasaba por acabar siendo enterrados en los exteriores (atrios) o incluso en fosas comunes en manos de las parroquias y cofradías, para el caso de la nobleza y la realeza este tema llegó a convertirse en una obsesión y en un primer momento se generalizó la práctica de la desmembración, esto es, separar las diferentes partes del cuerpo (corazón, vísceras, huesos) para repartirlas por distintos lugares santos. Seguían así la lógica cristiana medieval de que a mayor número de enterramientos, mayor cantidad de oraciones por el alma del difunto, garantizando de ese modo su salvación. En definitiva, he aquí el germen del embrollo, la lucha por conseguir un agujero en esta o aquella iglesia se convirtió en una especie de inicio de temporada de rebajas en el centro comercial de moda; sin tumba de ocasión el último.

Con esta lucha por la mejor sepultura y la angustia imperante ante la muerte, llegaron también los problemas de higiene derivados de los enterramientos masivos. Es conveniente que sepáis de antemano que durante los siglos que ocuparon la Edad Media y el Renacimiento, lo normal no era enterrarse en un bonito ataúd de madera, más que nada porque constituía un artículo de lujo al que solo podían acceder nobleza y realeza o aquellos burgueses que pudiesen pagar a un carpintero; el resto de la población solo cataba la madera de segunda o tercera mano para su traslado al lugar de enterramiento (una fosa común en muchos casos), al que los difuntos llegaban bien amortajados y dejando al fresco pies, manos y cabeza. Imaginaos, pues, cuando cientos de fiambres se acumulaban año tras año y epidemia tras epidemia en los suelos de las iglesias o cementerios aledaños; el olor a putrefacción debió ser terrible y los historiadores no descartan que, dada la superficialidad de estos enterramientos, los vivos escuchasen incluso las flatulencias que un muerto puede realizar horas después de su fallecimiento. Vamos, que el panorama no pintaba nada agradable para los que se quedaban en la Tierra, sobre todo los domingos.

ANECDOTARIO

El famosísimo monarca castellano Alfonso X el Sabio (1221-1284) fue uno de aquellos miembros de la realeza que decidieron hacer virguerías con su cuerpo (una vez muerto, claro está) y desmembrarlo para repartirlo por diferentes lugares de considerable significado religioso y político para su persona y el reino. Así lo especificó en su testamento, en el que mandó «que nos saquen el corazon e lo lleven a la Sancta Tierra de Ultramar, e que lo sotierren en Iherusalem, en el monte Calvario», pero también: «Mandamos otrosi que cuando sacaren el nuestro corazon para llevarlo a la Sancta Tierra de Ultramar, segund que es ya dicho, e que saquen lo otro de nuestro cuerpo e lo lleven a enterrar al monesterio de Sancta Maria la Real de Murcia». El cuerpo como tal quedó enterrado en Sevilla, ciudad en la que había fallecido. Muy bien, majestad, todo bien repartidito.

Sin embargo, a pesar de sus deseos, el corazón del monarca no realizó el viaje previsto, puesto que debía llegar a Tierra Santa de la mano del mismísimo maestre del Temple y al parecer la Orden no terminaba de organizar un nuevo viaje al lugar. Tan larga fue la espera que el copero del rey y adelantado mayor del Reino de Murcia, sobre quien recayó el honor de custodiar el órgano, decidió que fuese finalmente enterrado junto a las entrañas que ya se encontraban reposando en la ciudad. Imaginad que se le caducaba el asunto estando en su posesión, ¡qué percal!

LO MÁS CERCA DE DIOS, POR FAVOR

Y ahora quizá os preguntéis, ¿tan mal olfato tenían nuestros antepasados que aguantaron tanto tiempo en esta situación? Pues como me gusta mucho un buen refrán, os contesto con uno muy acorde a la situación, «la fe mueve montañas», ni más ni menos. Porque fue la fe la que llevó a que esta maloliente realidad se mantuviese en el espacio-tiempo más de la cuenta; no penséis en algo exclusivo del fanatismo medieval. De este modo, si bien el siglo XVI dio la bienvenida a cierto convencimiento médico y social de que achaques como la sífilis y la peste podían contagiarse entre humanos, la idea de la enfermedad como una catástrofe colectiva y un castigo de Dios por haber sido pésimos cristianos, que se había extendido durante toda la Edad Media, seguía anclada en la mente de los ciudadanos, que no dejaron de buscar incansablemente el enterramiento más cercano a la reliquia de turno.

Ante esta realidad, los pocos iluminados que veían con claridad el problema comenzaron a recomendar de manera esporádica, y solo cuando las epidemias se descontrolaban más de la cuenta, que las inhumaciones de los ciudadanos afectados se realizasen en las iglesias sitas extramuros. Para ello, afirmaban que la capacidad infecciosa de los fallecidos por «pestilencias» (genérico empleado para referirse a enfermedades tan variopintas como tisis, lepra, cólicos, neumonías o la propia peste) era muy superior a la de los propios enfermos. Y esta es la versión coherente. Luego encontramos otras extravagancias, sobre todo tras la devastadora peste del siglo XIV, como la aparente tendencia de enterrar los cadáveres boca abajo para así evitar que se levantasen cual muertos vivientes y siguiesen contagiando a destajo a los pocos sanos que quedaban.

En fin, idas de olla *made in the Middle Ages* que fueron tendencia hasta bien entrado el siglo XVIII, centuria en la que esos pocos iluminados de los que hablaba antes proliferaron por toda Europa reformulando, entre otras muchas cosas, la preocupación por la salud corporal de los vivos y la hasta entonces tolerancia al tufo a muerto que caracterizaba a las gentes de centurias anteriores. Este cambio de pensamiento impulsado por la luz iluminadora de la razón vino de la mano de un considerable aumento de la población (sin su correspondiente incremento de las parroquias y lugares de enterramiento) y, sobre todo, de la nueva teoría miasmática desarrollada por T. Sydenham (1624-1689) y G. M. Lancisi (1654-1720) a partir de ideas médicas muy antiguas y que ponía el foco de atención en el miasma o aire putrefacto y corrupto que emitían las heridas y cadáveres como origen de numerosas enfermedades y epidemias; o, si nos ponemos más técnicos, achacaban a la fermentación de la sangre la producción de ciertos gases tóxicos que, al mezclarse con los provenientes de la descomposición de la materia orgánica en la tierra, daban lugar a afecciones como el cólera, la viruela o la sífilis. Pero esta teoría no vino sola, sino que estuvo secundada y apoyada por multitud de textos que fueron surgiendo alrededor de ella y que no hicieron sino corroborar la necesidad de que los muertos fuesen enterrados fuera de las ciudades, que ya estaba bien con la bromita.

Uno de esos primeros documentos se publicaba en 1737 de la mano del médico español D. José de Aranda y Marzo, que a lo largo de su «asequible» tratado médico (os lo recomiendo como libro de cabecera para noches de insomnio), *Descripción tripartita médico-astronómica*, equipara los efectos de los humores emitidos por los cadáveres con los producidos por sustancias venenosas, asegurando «por la experiencia que la generación de la peste nace de la corrupción de cadáveres». Unos años más tarde, en 1745, veían la luz las *Cartas sobre la sepultura dentro de las iglesias*, del abad francés Charles Gabriel, en las que el religioso manifestaba la necesidad imperiosa de poner tierra de por medio entre vivos y muertos y aseguraba que el único olor que los fieles debían disfrutar en las iglesias era el del incienso. Si es que esto de la convivencia en suelo sagrado llevaba unas cuantas décadas más que descontrolado, pero ojo, que separar no quiere decir abandonar u olvidar a los difuntos. De hecho, el abad hizo hincapié en que los vivos debían seguir acompañando a los muertos en los nuevos camposantos que se construyesen extramuros, más que nada porque consideraba esta práctica como «escuela de sabiduría». ¿Por qué? Fácil y sencillo: porque la fe seguía teniendo más fuerza que la razón y aunque un atisbo de esta última llevó a los ilustrados a querer sacar a los difuntos de las iglesias, la muerte como tal se seguía viendo como un castigo divino consecuencia de una mala praxis cristiana. Así que ir de visita al cementerio y ver que te podías quedar pajarito si pecabas descontroladamente era considerado una práctica educativa.

Aunque todo esto es teoría, porque si algo caracteriza a los seres humanos es que solo actuamos cuando le vemos las orejas al lobo. Y vaya si se las vieron en la localidad guipuzcoana de Pasajes, que en 1781 perdió al 10 % de su población a causa de una desoladora epidemia (no se sabe si de tifus, fiebre tifoidea o peste bubónica) provocada por el hedor que emanaba de la ingente cantidad de muertos cubiertos por una finita capa de tierra y sin ataúd que se hacinaban en su iglesia parroquial, tal y como era costumbre, y que se convirtió en la gota que colmó el vaso (o la urna) de las inhumaciones en el interior de las iglesias de nuestro país. Incluso muchos eclesiásticos se unieron a esa especie de demanda colectiva que iba surgiendo con el pasar de los años, ¡y eso que les tocaban el bolsillo! Pues debemos recordar el tema de los testamentos y la cuota *pro anima*. Ya tenía que ser asquerosamente preocupante la situación. Y lo era. Tanto que algunas parroquias llegaban a cerrar durante días por la imposibilidad de aguantar la fetidez de su interior o porque las baldosas del suelo no paraban de agrietarse y romperse a causa del gran número de fiambres que albergaban. Pongamos como ejemplo a la capital del reino, que, según el censo realizado en 1768, contaba con 125 713 habitantes y trece parroquias, de las cuales cinco aglutinaban al 87,3 % de los ciudadanos, sobre todo la de San Sebastián, en pleno barrio de las Letras que, por esas mismas fechas, llegó a contar con 36 273 feligreses. Ahora imaginad que sobrevenía una epidemia de tifus, ¿habría sitio para los muertos?

Obviamente, no. Y los expertos lo sabían, así como los problemas sanitarios que se estaban produciendo como consecuencia; por lo que pluma y papel en mano se lanzaron a escribir al mismísimo monarca ilustrado, Carlos III, el mejor alcalde de Madrid, para que comprendiese la necesidad de trasladar los cementerios fuera de las ciudades y emitiese normativa al respecto, pues las iglesias se habían convertido en «verdaderas mofetas» y «teatros de corrupción», según D. Francisco Xavier Espinosa y Aguilera, párroco perteneciente al obispado de

Málaga. La reforma tomaría impulso apoyada al cien por cien por sus ministros de confianza, entre ellos el conde de Floridablanca, que, siguiendo la estela de la normativa francesa aprobada en 1776 (¿nosotros, copiando a los franceses?), buscaron restablecer la antigua tradición en cuestión de cementerios, esa de la que hablé al comienzo de este capítulo.

De este modo, el 3 de abril de 1787 se publicaba la tan esperada *Real Cédula de S. M. y Señores del Consejo, en que por punto general se manda restablecer el uso de Cementerios ventilados para sepultar los Cadáveres de los Fieles, y que se observe la Ley II, tit. 13 de la Partida primera, que trata de los que podrían enterrarse en las Iglesias; con las adicciones y declaraciones que se expresan.* Ahí lo llevan. Este interesante documento comienza con unas palabras más que emotivas por parte del monarca, quien reconoce haber leído los informes que le han hecho llegar los expertos y el impacto causado en su persona por el incidente de Pajares, llegando a confesar que «enterneció mi corazón aquel desgraciado suceso» y que «movido por el paternal amor que tengo á mis Vasallos» no le quedaba más remedio que actuar. Yo estoy con la lagrimilla en el ojo, no sé vosotros. ¡Si es que tenemos que quererte, Carlitos!

Pero vayamos al grano. La *Real Cédula* dejaba muy claros los pasos a seguir: primero, se aprovecharían las ermitas que se encontraban fuera de las ciudades para convertirlas en nuevas parroquias y, en torno a ellas, levantar los salubres camposantos; segundo, se establecía un orden de actuación, dando prioridad a aquellas localidades que habían sufrido epidemias de gravedad recientemente, luego los municipios más populosos y, por último, las parroquias con más feligreses; tercero, ¿quién iba a pagar todo esto? Bueno, pues un poquito del diezmo por aquí, otro poco de las tercias reales por allá, un *chispín* del fondo pío de pobres y, por supuesto, la contribución de los municipios. Por cierto, también quedaban reflejadas las excepciones. Personas de virtud, de santidad, reyes y reinas, y aquellos que ya hubiesen desembolsado sus ahorros en la compra de una sepultura dentro de un templo en el momento de expedirse la *Real Cédula*, podrían continuar siendo enterrados en las iglesias, catedrales y monasterios.

Las cosas de palacio siempre han ido despacio

Todo pintaba genial, era coherente y estaba bien mascadito. ¿Suponemos entonces que fue pronto llevado a la práctica? Ja, no. Y la causa principal de que se ignorase por completo al majete del rey fue de índole económica, puesto que los municipios no quisieron poner su granito de arena y eso de invertir dinero en la construcción de nuevos y relucientes cementerios como que no iba con ellos. El marrón recayó entonces casi por entero en las parroquias, que tampoco es que estuviesen pasando por su mejor momento económico, ralentizando así todo el proceso. El caso es que interés había, y poco a poco las gentes de este nuestro país se fueron animando a ser enterradas fuera de las iglesias. Hasta el mismísimo don Gaspar Melchor de Jovellanos quiso dar ejemplo dejando en su testamento que deseaba ser enterrado en el nuevo cementerio de Gijón y no en la capilla familiar que poseía en su parroquia de toda la vida.

Pero nada, oye. Fuese por un motivo o por otro, no se terminaba de llevar a cabo la reforma y, a pesar de encontrar en los archivos españoles documentos varios animando a cumplir lo dictado en 1787, tendremos que esperar a que el espabilado de Carlos IV ratifique lo dicho por su padre en la *Real Orden para la construcción de cementerios en todos los pueblos del reino*, emitida el 26 de abril de 1804. En ella se venía a decir lo mismo, salvo en un aspecto, el económico, porque «el cazador» decidió adelantar 400 000 reales de los fondos de sisas para que de una vez por todas se construyese el primer cementerio de la Villa de Madrid. Con todo, su gozo en un pozo, porque no fue hasta la llegada del hermanísimo José I Bonaparte al trono español cuando la capital del reino vio levantados sus dos primeros cementerios, llamados General del Norte y General del Sur, y, obviamente, estaban muy en las afueras de la ciudad. Y aunque con este suceso por fin se sentaban las bases ilustradas de la construcción de camposantos extramuros, la realidad es que costó, y mucho, que se llevase a cabo fuera de Madrid, donde los tradicionalismos cristianos estaban más arraigados y era más difícil controlar que en las parroquias de menor importancia y número de feligreses se cumpliese la ley. Habrá que esperar a finales del siglo XIX para que se convierta en una práctica normalizada entre la población y los cementerios se generalicen como lugar de enterramiento, llegando a monumentalizarse en muchos casos.

9

LOS PIOJOS NO ENTIENDEN DE CLASES SOCIALES

«SABRÁS, SANCHO, QUE LOS ESPAÑOLES, Y LOS QUE SE EMBARCAN
EN CÁDIZ PARA IR A LAS INDIAS ORIENTALES, UNA DE LAS SEÑALES
QUE TIENEN PARA ENTENDER QUE HAN PASADO LA LÍNEA
EQUINOCIAL QUE TE HE DICHO ES QUE A TODOS LOS QUE VAN EN EL
NAVÍO SE LES MUEREN LOS PIOJOS, SIN QUE LES QUEDE NINGUNO, NI
EN TODO EL BAJEL LE HALLARÁN».

Don Quijote de la Mancha (Segunda Parte).
Capítulo XXIX

Si hubiera sido así, querido don Quijote, la línea equinoccial habría sufrido *overbooking* durante más de una temporadita. Porque los seres humanos y los piojos han mantenido una de las relaciones más estables, incómodas y odiosas de todos los tiempos, ya que hace aproximadamente cinco millones y medio de años estos bichitos acoplados en los chimpancés evolucionaron para adaptarse a su nuevo hogar: la cabeza y otras localizaciones corporales más delicadas e íntimas de los homínidos. Desde entonces, los *Pediculus humanus capitis* (su nombre científico, que queda como más culto y nos produce menos picor), piojos para los amigos, no nos han abandonado y continúan siendo un verdadero quebradero de cabeza, sobre todo para los más pequeños de la casa.

Pero ¡cómo se van a ir! Llevan tanto tiempo entre nosotros que hasta en la Biblia se hicieron un hueco (en el Éxodo 8, 16-19 aparecen citados como la tercera de las

diez plagas que azotaron Egipto en tiempos de Moisés).
De hecho, los restos más antiguos de estos parásitos cuentan con nueve mil años de antigüedad y se encontraron en
el yacimiento arqueológico de Nahal Hever, cerca del mar
Muerto, en Israel. Entre los antiguos egipcios también fueron muy comunes y algunas momias, incluidas las de importantes faraones, han sacado a la luz ingentes cantidades
de *pediculus* en sus cabezas, pestañas, cejas y partes bajas.
No es de extrañar que ya contaran con liendreras (la propia Cleopatra fue enterrada junto a uno de estos chismes)
o peines de púas más finas y juntas para intentar acabar
con los cientos de huevecillos que se llegaban a acumular
en su pelo, o que algunos importantes papiros —conocidos
por sus antídotos naturales para diferentes afecciones y
problemas de salud— incluyeran algún que otro remedio
para los piojos. Es el caso del papiro Ebers, en el que se
describe el prurito o picor intenso de la cabeza como consecuencia de la pediculosis, para lo que se recomendaba
aplicar aceite de pelitre, una planta herbácea y tóxica a grandes dosis, a modo de tónico antipiojos, o bien harina de
dátiles. Por su parte, Heródoto, tras su viaje por Egipto en
el siglo VI a. C., dejaba por escrito que los sacerdotes tenían
por costumbre afeitarse cabeza y cuerpo al completo cada
dos o tres días para así evitar infestarse de piojos u otros
parásitos.

    ¿Eran buenas ideas las reflejadas por estos eruditos
de la Antigüedad? Sí. ¿Consiguieron acabar con los piojos? Obvio que no. ¿A estas alturas del capítulo ya te has

rascado la cabeza varias veces? Me apuesto mi cuero cabelludo a que sí.

Con la llegada de la Edad Media la cosa no hizo más que empeorar, pues recordemos los hábitos de higiene que durante este periodo imperaron y que han sido protagonistas de capítulos anteriores, pero también hay que tener en cuenta lo reducido de los espacios residenciales del momento, compartidos en numerosas ocasiones por varios miembros de una misma familia. Con todo, disponemos de testimonios de la época que dejan constancia del continuado intento por acabar con los piojos durante esa larga y complicada época de la historia. Así lo cuenta el historiador francés Georges Vigarello, que en su obra *Lo limpio y lo sucio* plasma el testimonio de un joven estudiante del siglo XV, de nombre Platter, y que, a diferencia de muchos de sus contemporáneos, parece que mostraba cierto interés por el aseo e higiene personales y que contaba así cómo era su *morning routine*:

No se puede uno imaginar la cantidad de miseria que cubría a los estudiantes, mayores y menores, así como a una parte del pueblo […]. Solía ir yo a lavarme la camisa a orillas del Óder, sobre todo en verano; luego la colgaba de una rama y mientras se estaba secando me limpiaba el traje, hacía un agujero en el que arrojaba un montón de piojos, echaba tierra encima y clavaba una cruz.

Ojo, dando santo entierro a los *pediculus* y todo… Bromas aparte, y si habéis hecho una lectura del testimonio a conciencia, habréis podido constatar que la ropa la llevarían inmaculada, pero de lavarse el pelo y su propio cuerpo nada de nada. Además, tampoco parece que el joven estudiante hiciera uso de las despiojadoras profesionales que desinfectaban cabezas sin descanso desde un siglo antes. ¡Si es que así no se puede, Platter!

Se viene anécdota

Si os pensabais que un parásito como el piojo, tan presente en la vida de los seres humanos, no iba a desempeñar un papel crucial en ciertas tradiciones de la Antigüedad y la Edad Media, estabais muy pero que muy equivocados.

Tal y como cuenta el dermatólogo estadounidense Lawrence Charles Parish en su *History of Pediculosis*, hay tres momentos concretos de la historia en los que los humanos utilizamos a los piojos de una forma que hoy en día ni cruzaría rápidamente nuestras mentes. La primera de ellas tuvo lugar en la Suiza medieval, donde para elegir a los jefes municipales seguían una extraña costumbre. Los barbudos candidatos se reunían en torno a una mesa inundada de piojos, ponían sus barbas sobre la misma y el portador de aquella que se infestase con un mayor número de estos pequeñines sería el elegido como nuevo líder. Nos vamos más al norte, hasta la antigua Siberia, para disfrutar de otra agradable tradición, la que tenían las zagalas del lugar que, originales ante todo, lanzaban sus piojos a los mozos en los que ponían el ojo como muestra de su afecto e interés. Terminamos cruzando el charco, porque los aztecas tuvieron por costumbre honrar a Moctezumba con pequeñas vasijas de oro (hasta aquí todo bien) ¡repletas de piojos!

Deducimos, por lo tanto, que los habitantes del Medievo se lo pusieron más que fácil a estos parásitos saltarines que, no conformes con las grasientas cabezas de la plebe, quisieron un ascenso en su posición social y llegaron hasta las solo un poco más aseadas y pulcras cabelleras de la realeza y la nobleza. Fue el caso del primer rey de la conocidísima Casa de Lancaster, Enrique IV de Inglaterra (1366–1413), que durante su ceremonia de coronación, vio cómo uno de los momentos más trascendentales de la misma, la unción con el aceite sagrado de Eduardo el Confesor, quedaba totalmente truncado por los cientos de piojos que vivían plácidamente en su cabeza y disfrutaban del acontecimiento en primera fila. Tuvo que ser un hecho muy sonado entre los asistentes, que pronto corrieron la voz de que el monarca había perdido el pelo solo unos días después como consecuencia de la infección por pediculosis que padecía. Pero esto lo decían las malas lenguas, ávidas de cotilleos regios. Lo más seguro es que el pobre Enrique tuviese que rasurarse la cabeza si quería acabar de manera eficaz con los pequeños pero picones bichitos que convivían con él, un *look* que al parecer mantuvo toda su vida, ya que, cuando en el siglo XIX fue examinado su cadáver, se constató que no tenía ni un solo pelo en la chola.

El soberano inglés no fue el único caso de la realeza, puesto que los *pediculus* se acostumbraron pronto a la buena vida de las clases privilegiadas. Y como tampoco entendían de fronteras, se esforzaron por dejar su impronta en otros *royals* europeos, como Fernando II (1467-1496), rey de Nápoles (no confundir con el Católico, que os veo), que albergó en su *body* dos especies de piojos: los propios del cuero cabelludo y los que prefieren el calentorcito del vello púbico, las ladillas. Esto lo sabemos por un estudio publicado en 2009 tras examinar minuciosamente sus restos mortales, enterrados en la basílica napolitana de Santo Domenico Maggiore, en el que se afirmó haber encontrado bastantes residuos de mercurio en su cabeza como para asegurar que Fernando había sufrido pediculosis, dado que este elemento químico era muy utilizado en la época como tónico para acabar con la infección. Les picó tanto la curiosidad que decidieron analizar en profundidad todo el cadáver del monarca, descubriendo entonces que los piojos no solo habían encontrado un hogar en su perola, sino también en el vello de brazos y piernas, y lo peor, en el de sus genitales.

Sin embargo, la historia más descabellada en torno a los piojos aristocráticos viene de la mano del rey en cuyo imperio nunca se ponía el sol. Apodado el Prudente, las historias en torno a la agónica muerte del Austria Felipe II como consecuencia de una gravísima infección de pediculosis (¿os acordáis?) han proliferado a lo largo de la historia. Y qué queréis que os diga, no pongo en duda que el monarca tuviera intrusos en su cabeza (y no solo del tipo espiritual), pero de ahí a afirmar que estos parásitos le provocaron una muerte lenta y dolorosa… No correría yo ese riesgo.

Por ello, vamos a desmentirlo, porque si bien es cierto que se tomó su tiempo para palmarla, cincuenta y tres días para ser exactos, la culpa no la tuvieron los piojos, sino una acumulación de dolencias comunes a un hombre de su edad, pues ya calzaba setenta y un tacos, y el periodo histórico en el que vivió, a lo que hay que añadir la gota, el asma, la artritis, las continuas y fuertes migrañas, la gran melancolía que lo aquejaba desde años atrás, así como los problemas derivados de la consanguinidad de sus padres y que tanto gustaba a los Austrias (nótese cómo acabó la dinastía, con Carlos II, nada más y nada menos). Además, es bien sabido que Felipe II desarrolló a lo largo de su vida algún tipo de trastorno obsesivo compulsivo que exteriorizaba, entre otras cosas, con una preocupación constante por mantener una cuidadísima higiene personal, tal y como he expuesto ya en el capítulo 5. Con todo, hubo un hecho que, según el testimonio del famoso cronista Juan Ginés de Sepúlveda, marcó el principio del fin del monarca. Y me refiero a la muerte por alumbramiento de la infanta Catalina Micaela en 1597, la segunda de las hijas que tuvo con su tercera y muy amada esposa, Isabel de Valois. Este trágico suceso le pilló a Felipe II con setenta años y parece que, desde entonces, no levantó cabeza. Sus achaques se incrementaron, perdió movilidad, su aspecto físico comenzó a deteriorarse a pasos agigantados y, solo unos meses después del fallecimiento de su hija, en el verano de 1598, decidió trasladarse de manera definitiva a su lugar predilecto, el monasterio de San Lorenzo de El Escorial. Allí pasó los últimos días que le quedaban de vida, quejumbroso, con incontinencia, postrado en una cama con el cuerpo repleto de llagas que emanaban un nauseabundo hedor y, ahora sí, con piojos en su cabeza. Y es que ninguna de las numerosas personas que pasarían por esa habitación durante el largo mes que el rey estuvo encerrado en ella se preocuparían por su higiene y aseo personales, y más de una seguramente pudo llevar visitantes inesperados que acompañaron a Felipe durante sus últimos días en el mundo terrenal.

Y a todo esto, siendo una plaga tan común a lo largo de la historia, ¿no existían remedios para acabar con ella o prevenirla? Muchos, de hecho. Aunque no demasiado efectivos viendo el nivel de infección que había en la sociedad del pasado, a lo que la falta de higiene generalizada no ayudaba demasiado. Uno de los más extendidos fue el *pyrethrum*, una mezcla de pesticidas naturales tóxicos para insectos como las moscas, los mosquitos, las hormigas y también los piojos, popularizado como un tratamiento innovador y muy efectivo en Europa por Marco Polo a principios del siglo XIV. El famoso mercader italiano lo conoció durante uno de sus viajes a China, lugar en el que ya se venía usando con éxito desde hacía siglos tras sustituir al milenario compuesto de mercurio y arsénico como principal solución para la pediculosis (que matar piojos no sé yo, pero alguna que otra enfermedad cancerígena debió dejar en herencia). Y... ¡ojo! Que en la actualidad todavía está en uso. En Estados Unidos, aproximadamente el 80 % de los productos antipiojos que se comercializan contienen una versión sintética de *pyrethrum* (el *pyrethrin*) como uno de sus principales componentes.

SE VIENE MUERTE COLECTIVA POR PLAGA DE PIOJOS

Bueno, en realidad fue por tifus exantemático, una enfermedad transmitida por los piojos humanos y que de forma muy común aparece y se extiende sin control después de guerras o hambrunas. Este fue el caso de la Granada de posguerra, allá por principios de los años 40. Gracias a un detallado informe llevado a cabo por el alcalde de la ciudad en aquel momento, Antonio Gallego Burín, y el médico decano del ayuntamiento (porque el régimen franquista calló y ocultó), sabemos en la actualidad que entre 1940 y 1942 las muertes acontecidas en Granada aumentaron en más de seis mil casos. La causa principal fue una epidemia de tifus exantemático, producida por una plaga descontrolada de piojos que inundó las casas y los cuerpos de los granadinos, que, como la inmensa mayoría de los españoles tras la Guerra Civil, se habían visto abocados a la pobreza extrema, la falta de alimentos, de productos desinfectantes tan básicos como el jabón y de vivienda, viéndose obligados al hacinamiento. Lo peor se vivió tras el invierno de 1939, cuando nuestro país entró de lleno en la autarquía y el aislamiento del exterior, por lo que los recursos pronto se agotaron. Así, en enero de 1940, se detectaba el primer caso de muerte por tifus exantemático en Granada, concretamente un preso del bando republicano, prisionero en el campo de concentración de Benalúa de Guadix. Pronto se puso en el punto de mira a «rojos», mendigos, gitanos y prostitutas como responsables de haber traído y expandido los piojos por las ciudades afectadas (porque tampoco se libraron otras urbes como Sevilla, Cádiz, Madrid, Valencia o Barcelona). Muchos de ellos fueron expulsados y el operativo de desinfección puesto en marcha. Hasta seis equipos actuaron en Granada en los dos años de epidemia, quemando o lavando ropas totalmente infestadas de los parásitos, rapando cabezas, aseando a los enfermos y desalojando a los numerosos habitantes de las casas-cueva, tan comunes en esta región española. Algo evitarían, digo yo, pero la cifra oficial de fallecidos por esta causa fue muy alta, y hago hincapié en lo de «oficial».

Pero todavía podemos viajar más atrás en el tiempo para encontrar otro tipo de curiosas soluciones contra los *pediculus*. Una de ellas es la presentada por el papiro Ebers —que ya he citado y mucho en el primero de los capítulos de este libro— y parece que estuvo muy de moda entre los egipcios de mediados del II milenio a.C. Consistía en mezclar en la boca dátiles templados con agua, hacer un buen mejunje masticando ambos ingredientes y luego escupirlo sobre el cuerpo o cabeza infestada de piojos. Fácil, sencillo y para toda la familia… Ahora bien, higiénico, no mucho. El Imperio romano también presumió de «comercializar» su propia solución o medida preventiva contra esta plaga, que vino de manos de Plinio el Viejo en el siglo I, quien aconsejaba utilizar caldo de víbora a modo de tónico. Ya en la Edad Media tiraron por todo lo alto y en algunos recetarios de la época, como el escrito por el médico Guillem de Mallorca en el siglo XIV, se apuesta por el aguardiente a base de vino introducido vía nasal para eliminar los piojos y, un detalle importante, también las liendres.

Voy a terminar este interesante catálogo de soluciones citando la más radical y menos efectiva de ellas, raparse la cabeza. Una acción que fue también muy común entre las gentes de la nobleza que podían permitirse el lujo de cubrir sus brillantes pepinos con una peluca, pero que desconocían la indiferencia que los piojos mostraban entre un pelo sintético y uno natural, pues ambos les servían para desarrollar su labor. De este modo, hacían honor al dicho de que «peor es el remedio que la enfermedad» y las pelucas acababan llenitas de *pediculus* que conseguían traspasarlas y llegar hasta el cuero cabelludo.

Con todo, al final del día la solución más efectiva era sentarse y dejarse despiojar por otra persona. Una costumbre que tenían hasta las damas de la alta sociedad y la realeza, que estaban más que habituadas a que en su rutina diaria de higiene y cuidado personales, sus doncellas cepillasen su cabello no solo con un peine, sino también con una lendrera para, justo después, pasar a limpiar sus cabezas de los piojos vivientes que pudieran tener. No debe sorprendernos que, a pesar de la gran variedad de lociones, champús y soluciones caseras que hoy en día utilizamos para luchar con estos supervivientes de la historia, nunca faltan un par de manos rebuscando en nuestro cuero cabelludo ante la amenaza de que los piojos se hayan apalancado en nuestra cabeza.

10

EL *SANITARY MOVEMENT*
O CÓMO DESATAR LA
LOCURA POR LA HIGIENE

HAZ CASO A ESTE DICHO ESTADOUNIDENSE:
«DONDE SE CAGA NO SE COME» (*I DON'T SHIT WHERE I EAT*).

D el francés *hygiène* al castellano antiguo *hijiena*, pasando por el inglés *hygiene*, la HIGIENE viene siendo nombrada, que no puesta en práctica, por multitud de diccionarios y tratados médicos desde finales del siglo XVI. Casi al mismo tiempo en el que el pudor y la vergüenza comenzaban su andadura social. En España se incluye por primera vez en 1787 y unos años más tarde ya aparecerá vinculada a la medicina como la parte que trata de las cosas no naturales (Galeno siempre en nuestros corazones). En cualquier caso, es elevada a la categoría de ciencia y, como tal, cobra una importancia hasta entonces nunca vista. Sin previo aviso, sin que la gente corriente pudiese hacerse a la idea de que tendría que abandonar el *dirty look* al que tanto apego tenía, el movimiento higienista —o como se conocerá en Inglaterra, *Sanitary Movement*— entró como un chorro de aire fresco en la Europa industrializada para revolucionar el concepto de salubridad que hasta entonces imperaba. Se puso de moda dejar de ser un guarro. Tan gorda fue la cosa que el higienismo se contagió rápidamente entre los humanos, las ciudades, las escuelas, los hospitales (sí, también les hacía falta), la alimentación y un largo etcétera.

Para comprender mejor por qué los individuos del siglo XIX dieron un cambio radical en sus vidas para abrazar bien fuerte la higiene personal y urbana, hay que hablar irremediablemente de tres revoluciones coetáneas: la industrial, la demográfica y la agrícola. No se entiende una sin las otras y las tres condujeron a los europeos a un verdadero cambio de vida y costumbres. A mediados del siglo XVIII, se introdujeron en los sistemas agrarios ingleses una serie de transformaciones claves para el aumento de la productividad hasta en un 90 %, que durante las décadas siguientes se extendieron por el resto del continente. Así, el abandono de los campos abiertos por los *enclosures* (campos cerrados), el Sistema Norfolk, y la introducción de nuevos cultivos y de innovadora maquinaria agrícola permitieron que la castigada población tuviese acceso a una mayor cantidad y calidad de alimentos. En muy poco tiempo, esto se tradujo en una mejora considerable de la salud que, junto a los avances en la medicina (Jenner y su vacuna de la viruela en 1796, entre otros), iniciaron la revolución demográfica desde un régimen antiguo caracterizado por altas tasas de mortalidad y natalidad, a uno más moderno, pero todavía de transición, en el que se mantuvo una natalidad elevada, pero la mortalidad comenzó a descender, sobre todo la infantil. A todo ello sumamos un éxodo rural hacia las ciudades propiciado por el excedente de mano de obra en el campo ante la aparición de las máquinas y permitiendo la creación de una clase obrera industrial sin la que no podríamos entender el proceso de industrialización vivido en Europa desde la segunda mitad del siglo XVIII y durante todo el XIX.

En este último contexto de ciudades industrializadas y teorías liberales es donde debo pararme ahora para poneros en situación. Todo va *dabuti*, la gente parece que se muere un poco menos o más tarde, los virus casi no los visitan, disponen de más comida para llenar el buche y, sin embargo, las fábricas no hacen más que estropear esa incipiente salubridad y bienestar de la población. Contaminan el aire, llenan las calles de suciedad, el paisaje urbano se torna grisáceo y, lo peor, el cólera, el tifus o el paludismo hacen de nuevo su aparición estelar para fastidiar la salud de los trabajadores industriales, que comienza de nuevo a verse perturbada. La revolución demográfica no terminaba de cuajar… Esto no mola.

BIENVENIDOS AL HIGIENISMO

Menos mal que ya desde finales del siglo XVIII, mientras la población europea seguía creyendo firmemente que las enfermedades que sufrían eran fruto de la Providencia divina y tenían que apechugar con ellas sin rechistar, unos pocos frikis habían mostrado algo de interés por eso de la higiene y la salud pública, sentando las bases del tan ansiado *Sanitary Movement* o Movimiento Higienista decimonónico.

Apoyados en la Ilustración, las nuevas ideas científicas y su desarrollo técnico, importantes personajes de la medicina como el alemán Johann Peter Frank (1745-1821) dejaron para la posteridad contundentes y necesarias afirmaciones como que el origen de las enfermedades radicaba en las desigualdades sociales y, por ende, cada grupo social tenía sus propias dolencias vinculadas a sus modos de vida, siendo los pobres y los habitantes de las zonas rurales los más afectados. En definitiva, J. P. Frank abrió un melón que ya no se volvería a cerrar, el de la salud pública o cultura higiénica, y acertó de lleno al decir que «la miseria es la madre de todas las enfermedades».

En un contexto de incesante amenaza del contagio, con una esperanza de vida de cuarenta y cinco años con suerte y una mortalidad infantil descomunal (te podías dar con un canto en los dientes si el churumbel sobrevivía sus primeros cinco años en este mundo), la población dio la bienvenida como pudo al higienismo, ese movimiento social, sanitario, político, cultural y jurídico, entre otras muchas más cosas, que durante el larguísimo siglo XIX fue tomando forma con el objetivo de mejorar la calidad de vida en las ciudades, frenar la transmisión incontrolada de enfermedades y plagas, así como apaciguar ¡la revolución liberal! (Qué listillos, si es que todo tiene cara b en esta vida, hasta la salud pública). Uno de sus más grandes representantes fue Edwin Chadwick (1800-1890), inglés, claro, que curiosamente no era médico, sino abogado, pero tan espabilado como para rodearse de grandes especialistas en el campo de la medicina y poner en el punto de mira del problema a la insalubridad de los barrios pobres. Así, desde los años 20 del siglo XIX, Chadwick se dedicó a limpiar (no literalmente, no os lo imaginéis con una fregona en la mano) los ambientes urbanos desde un punto de vista puramente higiénico, pero sin prestar ninguna atención al origen social y económico de ciertas enfermedades que otros especialistas defendían hasta la muerte. Pasados unos años de investigación en unas ciudades que habían doblado su extensión y población en tan solo unas décadas, este espabilado abogado comenzó a relacionar directamente el *Sanitary Movement* con el movimiento de clases, de manera que los pobres eran en parte responsables de su propia situación de insalubridad y miseria, ya que no estaban gestionando bien sus ingresos y su estilo de vida. Se tornaba pues necesario limpiar, civilizar y enseñar a manejar los «dineros» a las clases «peligrosas».

Así, Chadwick se rodeó de un pequeño grupo de inspectores/doctores que viajaron a lo largo y ancho del país, recorriendo los barrios pobres de las principales ciudades —sobre todo las industriales—, dejando testimonio de las condiciones de vida tan deplorables que tenían las clases bajas. Por ejemplo, uno de ellos, totalmente escandalizado por lo que estaba viendo, escribió en su informe del barrio de St. Mary, en la ciudad de Truro (Cornualles), que «la proporción de enfermedades y muerte es tan grande como en cualquier otra parte de Truro. Pero no hay ningún misterio en su causalidad. Las casas están mal construidas, con desperdicios en descomposición, ropas colgando de ventanas y puertas, desagües abiertos que arrastran la mugre de pocilga hasta el pie de los muros. Estas son algunas fuentes de enfermedades que ni la brisa de las colinas puede disipar». Tal cual, porque en los barrios industriales de la época victoriana el aire estaba contaminado y las personas se hacinaban de tal manera que generaban más residuos corporales que los que los pozos negros eran capaces de asimilar, por lo que se contaminaban las aguas, y el lodazal por el que circulaba la gente llevaba de todo menos barro.

Con un porrón de agradables informes como este, nuestro pulcro abogado presentó en 1842 su *Report on the Sanitary Condition of the Labouring Population of Great Britain* («Informe general sobre las condiciones sanitarias de la población trabajadora en Gran Bretaña»), en el que aseguraba poder poner fin al problema de la higiene de estas zonas urbanas de la siguiente manera: mejorando el drenaje de las aguas residuales mediante alcantarillado; retirando toda la basura y demás desperdicios de carreteras, calles y casas; proporcionando a la población agua potable, y estableciendo un punto médico fijo en todas las ciudades. Fácil, sencillo y para toda la familia. Tanto que, con dicho informe, inició un largo debate de seis años en la Inglaterra victoriana que tuvo final feliz con la aprobación de la *Public Health Act* (Ley de Salud Pública) en el Parlamento en 1848.

¿Cómo era la *toilette* de Victoria del Reino Unido?

Pues como la del resto de las mujeres de clase media-alta inglesa, ya que a la reina Victoria (1819-1901) le gustó rodearse de un personal de palacio perteneciente a dicho grupo social y algo se le pegó de ellos. Bueno, más bien de ellas. Hablamos de la *toilette*, entendida no como habitación donde hacer nuestras necesidades, sino como conjunto de costumbres higiénicas y de cuidado personal que las damas inglesas del siglo XIX tomaron como estilo de vida y, sobre todo, como práctica social. Así, una mujer de la alta burguesía o la aristocracia, incluida nuestra monarca, dedicaría dos momentos de su día a día, mañana y noche, a la *toilette*. El ritual era siempre el mismo, se lavaban la cara con agua tibia, con una esponja y jabón limpiaban las partes de su cuerpo más expuestas y más íntimas, empolvaban y peinaban su cabello antes de que la sirvienta de turno les hiciera un bonito recogido y se aplicaban cosméticos y perfumes al gusto, haciendo especial hincapié en la rutina de protección solar. Mantener la piel lo más pulcra y clara posible era lo más deseado en una época de expansión colonial. Estamos ante la práctica más privada de la mujer victoriana que marcaría su aparición pública y su estatus social como mujer. Indicaba, además, sus habilidades conyugales, reproductivas y domésticas. Siguiendo el mantra de «la limpieza te acerca a la divinidad», se separaban así drásticamente de las sucias mujeres de la clase obrera y demostraban su liderazgo social ante el mundo y su propio hogar.

Y desde ese momento fue imparable. El movimiento higienista se propagó sin control desde mediados de siglo por toda Europa como esos brotes de cólera y tifus que tanto ímpetu pusieron en paliar. Bélgica, Francia, Italia e incluso Estados Unidos se volvieron medio locos y comenzaron a celebrar conferencias internacionales de salud pública y a reformar urbanísticamente su territorio para unirse a la moda del momento: vivir en ciudades limpias. Abrazaron el higienismo como el camino ideal hacia el progreso social…, ¡qué cosas! Eso sí, cada uno a su manera, y en el caso de los franceses, a lo grande, puesto que tras las revoluciones liberales de 1848 y varios brotes bestiales de cólera (en 1830 y 1849), el recién llegado emperador Napoleón III decidió darle un renovado aire urbanístico a París de la mano del barón Haussmann, y así otorgarle a la capital el esplendor imperial que requería y, de paso, intentar acabar con los problemas de higiene que rezumaba.

Y MIENTRAS TANTO..., ¿QUÉ SE COCÍA POR ESPAÑA?

Mientras, en nuestro país, no fuimos tan pijos como los franceses, pero algo intentamos y hay que reconocer que nos quedó un movimiento higienista bastante aceptable; eso sí, aunque procuramos seguir los planteamientos británicos desde el primer momento, al final fuimos con algo de retraso respecto al resto de los países europeos, para no variar. En nuestro caso, la vuelta de los liberales exiliados con la restauración en el trono de Fernando VII (1824) permitió la introducción de las teorías higienistas en España y la puesta en práctica de los planteamientos del *Sanitary Movement* de Chadwick. Pero se encontraron con el siguiente percal: una economía más atrasada, un proceso de industrialización más lento y centrado en unas pocas regiones (Cataluña y País Vasco, principalmente), un importante éxodo rural hacia las ciudades, sobre todo costeras, en las que los barrios burgueses convivían con los incipientes y descontrolados barrios obreros, así como unas tasas de natalidad, mortalidad y mortalidad infantil muy elevadas todavía, que no se llevaban bien con la esperanza de vida de la población, de en torno a los veintinueve años (vamos, que muchos de los que estamos leyendo esto no lo hubiéramos contado). Entre esta situación y la inmediatamente posterior inestabilidad política del reinado de Isabel II (1833-1868), la cosa no estaba para tirar cohetes.

Como buenos deudores de Chadwick, los planteamientos higienistas en nuestro país tuvieron dos vertientes:

mejorar la salubridad de las fábricas y disciplinar al proletariado para mejorar su moral y relajar los humos, que se les estaban subiendo demasiado con eso del liberalismo. Partiendo del concepto de pauperismo, esto es, el empobrecimiento masivo de la población, sobre todo tras el surgimiento de la industrialización, considerado como una de las mayores calamidades que podía sufrir la sociedad, importantes personalidades del campo higienista, como el catalán Pedro Felipe Monlau (1808-1871), introdujeron en nuestra Españita querida los principios de salud pública e higiene moral que ya pululaban sin control por el resto de Europa. Pero mientras que en esos territorios el foco se puso en las remodelaciones urbanísticas, nuestros especialistas, sin olvidar aquellas (véanse los ensanches que se construyeron en ciudades como Madrid y Barcelona), optaron por la educación directa del proletario en materia de aseo y decoro moral, pues era considerado un pobre ignorante. De este modo, siguiendo la propuesta de Méndez Álvaro (1853), que abogaba por la implicación directa de los gobiernos en asuntos de higiene pública, una población sana iba a ser mucho más productiva y, muy importante, menos revolucionaria, por lo que se planteó la apertura de casas de baños y la creación de escuelas de modales para adultos, así como el reparto de cartillas higiénicas.

Es decir, que no todo el movimiento higienista se quedó en la mera remodelación urbanística, inspecciones de viviendas, saneamiento de las fábricas o recoger de la vía pública los cadáveres putrefactos de los animales; básicamente, porque la solución al problema venía también por incentivar y educar a los ciudadanos en la higiene personal, hasta entonces extremadamente descuidada. Y si bien es cierto que eso de cuidarse e ir más limpito no caló todo lo pronto que se quería en la sociedad, sí que dejó para la posteridad ciertas indicaciones y recomendaciones dignas de conocer y, quién sabe, incluso de aplicar para algunos.

Para empezar, la recomendación básica partía de una correcta ventilación de las casas, que el miasma era muy comodón y se apalancaba en tu vivienda sin pagar alquiler. Era más que necesario que la sociedad comenzase a consumir agua potable y no de cualquier arroyo, pozo o surtidor que encontrase. Esto era algo bastante complicado, más si cabe entre los pobres, pero enfermedades como el cólera y los parásitos intestinales causaban tantos estragos que había que intentarlo. Por ello, se recomendó que las familias dispusieran de un filtro de agua en casa, y, con ella ya limpia de impurezas, se fregase la mesa antes de comer, evitando el uso de manteles o servilletas (no sé yo si esto último era muy higiénico). Siguiendo con el ritual, antes de ingerir alimento alguno, debían enjuagarse manos y boca, así como hervir los utensilios de cocina. Listos para comer, ¿con qué bebida podían acompañar el manjar? Con refrescos de naturaleza ácida (un refresco de limón, por ejemplo) y evitando los excitantes, más que nada porque consideraban que los que contenían alcohol eran muy peligrosos.

Siguiendo con las medidas higiénicas que cualquier ciudadano de a pie podía tomar en casa, llegamos a algo tan básico como el lavado corporal, que, aunque no era en forma de baño tan a menudo como nos gustaría actualmente, sí que se centraba en aquellas partes del cuerpo más expuestas: cara, cuello, manos y pies; tarea diaria acompañada de un cambio de ropa, de un corte de uñas y pelo de vez en cuando y... chimpún. Hablando de ropa, el desnudo, como era de esperar, estaba mal visto y se recomendaba ir vestido, pero con prendas holgadas, que no aprisionaran el cuerpo a la vista, porque por debajo, todas debían ir con el corsé sin poder respirar. Hasta para dormir había que cubrirse; eso de hacerlo como Dios nos trajo al mundo era considerado de salvajes, da igual que en verano las noches fueran tropicales. Pero también se recomendaba evitar la desnudez por temas de enfermedad, que un catarro mal curado en el siglo XIX te costaba la vida. En este sentido, y teniendo en cuenta la mayor debilidad de los niños, se aconsejaba no bautizar a los recién nacidos en agua fría o por inmersión. Las pilas bautismales ya se encontraban en los lugares más oscuros y fríos de las iglesias, así que mejor poner algo de agua tibia y dejarla caer por la cabecita.

De las recomendaciones más puramente higiénicas o sanitarias, pasamos a las higiénico-morales, casi más importantes para los entendidos del momento, al vincular la idea de limpieza personal con la educación y la gentileza moral. Y creo que en esto no hemos cambiado mucho. Así, se recomendaba el matrimonio lo más pronto posible porque, de acuerdo a unas estadísticas nada fiables, era un acontecimiento vital que alargaba la vida, reducía la violencia y la criminalidad y, atención, prevenía el suicidio. No sé, deberíamos darle una vuelta a esto otra vez. En este contexto marital o no, las relaciones sexuales debían ser las menos posibles, era preferible la abstinencia para evitar el amplísimo catálogo de enfermedades que podían derivar del desorden sexual. Y como este era un tema delicado que en muchas ocasiones venía propiciado por el alcohol, se intentó que la sociedad decimonónica se caracterizase por la templanza y la sobriedad.

¿Cómo iban a conseguir todo esto? A través de la educación. Primero en las casas, porque la instrucción en higiene personal debía hacerse desde la niñez, una tarea que recaía enteramente en las madres o mujeres del hogar. Más adelante comenzó a plantearse la posibilidad de incluir la higiene en el ámbito escolar y, en 1901, ya la tenemos presente, junto a la fisionomía, como asignatura obligatoria en todas las escuelas españolas.

Se viene código decimonónico de buenas conductas femeninas

Del concepto de higiene moral del que venía hablando en este capítulo, se desprende un apéndice que englobaría exclusivamente a las mujeres, puesto que los códigos de conducta y buenas prácticas asociados al género femenino en el siglo

XIX distaban mucho de los destinados a sus compañeros varones. De este modo, la sociedad del mil ochocientos intenta crear un nuevo modelo de mujer que será conocida como «el ángel del hogar» (*the angel in the house*, apelativo acuñado por el escritor y poeta C. Patmore) y cuyo perfil de esposa fiel, sumisa, decorosa y madre llevó a las mujeres a quedar relegadas al espacio doméstico. Y ojo, que fue un concepto que no solo triunfó entre las clases burguesas, sino que se extendió a todos los estamentos sociales y llegó a vincularse con la imagen tradicionalista de la mujer cristiana. Entre las características que se le otorgaban al «ángel del hogar» encontramos el pudor, pues debía abstenerse de mostrar una familiaridad excesiva a la hora de hablar y comportarse en público; la forma de caminar, que debía estar marcada por movimientos suaves y elegantes, de manera que los brazos necesitaban sujetarse o tensarse lo suficiente al cuerpo para ello; y el puesto que se le exigía, un código de conducta mucho más rígido que el de los hombres, sobre todo cuando se estaba postulando para ser madre y esposa. El largo listado de prohibiciones y recomendaciones era interminable y, desgraciadamente, se mantuvo como ley impepinable hasta bien entrado el siglo XX.

11

¡VAYA MIERDA LA GUERRA!

SI QUIERES MANDAR A ALGUIEN A LA MIERDA, PERO CON UN TOQUE DE ORIGINALIDAD, MÁNDALO A LAS TRINCHERAS, AUNQUE MEJOR SIN UN CONTEXTO DE GUERRA DETRÁS, QUE ESO ES TODAVÍA MÁS ASQUEROSO.

Si pensabais que tras el capítulo anterior el asunto de la higiene (o la falta de ella) lo habíamos dejado resuelto, siento deciros que no, porque con el tema de las trincheras tenía guardado un as en la manga. Más que nada porque estas rápidas construcciones bélicas, que jugaron un papel tan importante durante la Primera y la Segunda Guerra Mundial, no han sido generalmente retratadas por Hollywood tal y como eran en realidad. Con todo, si ya nos resultan claustrofóbicas e insalubres en la dulcificada gran pantalla, os invito a imaginarlas a pelo, sin miramientos. Entonces veréis que la problemática en torno a la pediculosis de hace un par de capítulos era una minucia en comparación con el desamparo y putrefacción en la que vivieron los soldados en los interminables caminos enterrados.

Su historia discurre desde apresuradas excavaciones realizadas por los soldados, normalmente de infantería, hasta obras pseudoarquitectónicas de carácter más permanente y gran sofisticación en las que incluso se incluyeron búnkeres y cámaras de mando subterráneas. Aunque las más famosas y estudiadas, sobre todo por la infinidad de testimonios escritos que conservamos, son las de la Gran Guerra (1914-1918), sus orígenes se remontan al siglo XVII, cuando un ingeniero militar y marqués de nombre Sebastian Le Prestre comenzó a popularizarlas al desarrollar la conocida como guerra de asedio (*siege warfare*) con el objetivo de facilitar el uso de artillería contra el lugar o ubicación cercada. Con todo, su uso se generalizó durante la guerra de Secesión o guerra civil estadounidense (1861-1865), para ser finalmente perfeccionadas y protagonistas absolutas a comienzos del siglo XX, cuando las ametralladoras, las granadas de mano, los lanzallamas, el gas y los primeros ataques aéreos hicieron su aparición estelar en el campo de batalla.

Manual de instrucciones para construir tu propia trinchera

A pesar de que constituyeron la mejor forma de defensa frente a la artillería pesada, su estructura puede parecer en un principio extremadamente sencilla; en cambio, llegaron a formar un verdadero entramado de profundas travesías en las que los soldados pasaron larguísimos días, semanas, e incluso meses. Se ubicaron en lo que en la jerga militar se denomina «el frente», concretamente en la vanguardia, extendiéndose por una amplia zona de terreno en la que también se ubicaban en la retaguardia hospitales de campaña y puestos de mando. Encontramos cuatro tipos: trincheras de fuego, localizadas frente a la tierra de nadie (*no man's land*) y protegidas por amplias alambradas; las trincheras de apoyo, a unos treinta metros de las primeras; las de reserva, mucho más alejadas del frente; y, conectando todas ellas, las denominadas trincheras de comunicaciones, utilizadas sobre todo para trasladar hombres, equipos y suministros de alimentos. Solían tener una profundidad suficiente para que los soldados pudieran estar de pie y a cubierto en ellas. Además, no se caracterizaban por su gran anchura, teniendo la justa para ser transitables. Con el tiempo, evolucionaron en algunas zonas hasta los nueve metros de profundidad, se reforzaron con hormigón o madera e incluso disfrutaron de luz eléctrica y algún que otro mueble de segunda mano, un chollo teniendo en cuenta el contexto. Algunas de ellas disponían de tablas de madera colocadas en el suelo para evitar que los soldados desarrollasen la enfermedad conocida como pie de trinchera, que más adelante explicaré. Como último dato técnico, deciros que estuvieron muy avispados a la hora de construirlas, pues se decantaron por la estrategia de no seguir líneas rectas, más que nada porque era ponérselo a huevo al enemigo, así que optaron por imitar un esquema en zigzag.

Sea como fuere, la Primera Guerra Mundial hizo de las trincheras una de sus principales tácticas de guerra, su joya de la corona, su diamante en bruto. Sobre todo, tras una primera «guerra de movimientos» y que Alemania se viera totalmente atascada por culpa de los franceses. Así que el ejército germano, que se encontró con que no podía ni avanzar ni retirarse, dio un giro de 180 grados a su estrategia y decidió centrar sus esfuerzos en la construcción de trincheras para proteger a sus soldados del fuego enemigo; con el paso del tiempo se convirtieron en refugio para pasar largas y aburridas jornadas sin que nada ocurriese en el frente. Se iniciaba así la conocida como «guerra de posiciones» o «guerra de trincheras» (1915-1917), un periodo durante el cual todos los ejércitos se esforzaron por consolidar su posición, si bien unos lo hicieron con mayor esmero y formación que otros: mientras los alemanes construyeron sofisticadas trincheras en los mejores terrenos (elevados y secos), los ingleses aprobaban con notable y los franceses improvisaron sobre la marcha y no tuvieron más remedio que quedarse con las zonas húmedas y fangosas. En este contexto atrincherado tuvieron lugar algunas de las más famosas batallas libradas durante la Gran Guerra, como la de Verdún (febrero-abril de 1916) o la del Somme (julio-noviembre de 1916), que dejaron un rastro de cerca de dos millones de muertos, de los cuales, un alto porcentaje no pereció como consecuencia directa de las mismas, sino de las horrendas condiciones de vida que se daban en aquellos alojamientos de menos cinco estrellas que eran las trincheras.

Los 764 kilómetros de extensión que ocuparon en el frente occidental se convirtieron pronto en hogar de muchos soldados que, incluso en momentos de tregua pactada, visitaban las trincheras de sus contrincantes y celebraban juntos la Navidad (como en la de diciembre de 1914). En ellas convivieron hombres de todas las clases sociales y con intereses, profesiones y carreras de lo más variopintas. Escritores, carpinteros, agricultores, peones de fábricas, ricos burgueses e incluso algún noble que otro acabaron combatiendo mano a mano y compartiendo trinchera con militares de formación en una de las guerras más sangrientas y devastadoras de la historia reciente. De hecho, gracias precisamente a esta amalgama de personalidades entre las que se contaban por centenares soldados cultos que sabían leer y, sobre todo, escribir, hemos podido ser testigos de primera mano de aquellos interminables días en las trincheras.

SE VIENE HISTORIA DE MUJER ROMPIENDO ESTEREOTIPOS

Hablo de Flora Sandes, conocida popularmente como «la mujer soldado» tras convertirse en la única fémina británica que luchó en primera línea del frente durante la Gran Guerra. Nacida en el seno de una familia de clase media irlandesa, mostró desde muy jovencita intereses más propios del género masculino —según la época—, como fumar y beber... ¡Qué escándalo! Así, mientras se formaba en taquigrafía, también lo hizo en primeros auxilios, puntería de tiro, montar a caballo o conducir. Cuando la contienda estalló, y tras haber vivido en diversos lugares del mapa gracias a su trabajo, Flora no dudó en alistarse junto a otras siete mujeres en la unidad de ambulancias de St. John y dirigirse al frente serbio para prestar servicios como enfermera, para ella, la profesión más femenina de la Tierra (ironía activada).

Tras varios meses, las tropas serbias perdían fuerza y oportunidades viendo cómo el país estaba ya prácticamente invadido. En ese momento, Flora solo tuvo dos opciones, o volvía a casa o se alistaba en el Ejército. Como era de esperar, cogió la pastilla roja. Y esto solo fue posible por haberse encontrado en el momento y lugar adecuados, puesto que para una mujer occidental convertirse en soldado era impensable. Sin embargo, en la región de los Balcanes si una mujer rural se había quedado al amparo de protección masculina o bien se presentaba como virgen jurada y prometía mantenerse como tal durante el servicio, podía vestir el uniforme y realizar exactamente las mismas tareas que sus compis varones. Desde este momento, Flora Sandes se sintió verdaderamente realizada, a pesar de las consecuencias de su nuevo trabajo (fue alcanzada por una granada en noviembre de 1916), y tuvo una carrera militar de éxito que la llevó a ser premiada con una medalla de honor y el nombramiento como sargento mayor.

QUERIDO DIARIO, HOY HE DORMIDO CON UN MUERTO DE CABECERA...

Son numerosos los diarios personales, cartas a familiares y demás testimonios escritos que han llegado hasta la actualidad y que hicieron las veces de terapia para incontables militares. Gracias a ellos, sabemos cómo era el día a día en las trincheras, su crudeza, su humanidad y sus condiciones higiénicas, porque la vida en ellas era «llena de fango, estrecha y sucia. Todo está cubierto de barro [...]. Dormimos acurrucados, sin poder estirarnos». Por ellas los soldados pasaban en turnos rotativos de aproximadamente quince días. Así, los cinco primeros estarían destinados a ocupar las trincheras del frente, los siguientes cinco días pasarían a las de apoyo, para finalizar el turno en las de retaguardia. El objetivo era obvio: intentar mantener la salud mental de los soldados a raya. Con todo, siempre estaban moviéndose de unas a otras, y aunque no les tocase pringarse los pies en el barrizal que eran estos espacios, al final lo hacían, porque una vez terminado su turno eran habitualmente mandados a servir la comida a sus compañeros, arreglar los desperfectos o seguir cavando trincheras sin descanso. Vamos, que «donde entra la maldición, no hay posible bendición».

Ahora quizá os estéis imaginando lo que sería pasar cinco días con sus cinco noches en una trinchera situada en primera línea del frente y que vuestra mente vuele entre batallas campales sin descanso y tiroteos o ataques continuos de gas. Bueno, pues no fue todo el tiempo tal que así, y por eso se habla de estos años de «guerra de trincheras» como un momento de estabilización o incluso estancamiento del conflicto. Cuando no había enfrentamientos, los soldados pasaban los días haciendo trabajos de mantenimiento, como la reparación de parapetos, rellenar sacos de arena, inspeccionar los rifles y demás armamento o cavar letrinas (pues, aunque estuvieran en guerra, la llamada de la naturaleza no fallaba). El momento de mayor actividad solía ser durante la noche, por motivos de seguridad básicamente, dormitando únicamente unas pocas horas y con muchísima suerte. Justo antes del amanecer se comprobaba que el bando enemigo no estaba tramando nada extraño, *AKA* (*also known as*, para los *millennials* y *boomers*) un ataque, para pasar la mañana con cierta calma, momento, ahora sí, que muchos aprovechaban para echar una siestecita relámpago. Tras el desayuno y el reparto de tareas, comenzaba la actividad, y los ratos de inacción, llamémoslos libres, los dedicaban a escribir, jugar a las cartas, fumar o beber (alcohol, por supuesto, porque el agua potable escaseaba), poco entretenimiento más había.

Ah, bueno, se me olvidaba el comer, que, aunque de mala gana, tenían que hacerlo, bien a base de latas de comida en conserva, bien con un plato caliente que traían desde la retaguardia y llegaba al frente más tieso que la mojama, o incluso con algún pequeño manjar que les habían enviado desde casa. En cualquier caso, acababan medio desnutridos, comían sobre barro helado, escaseaba tanto el tabaco que se fumaban el papel de sus diarios o libros de oraciones, sus compañeros de trinchera eran las ratas, los piojos y los cadáveres de los soldados caídos, y muchos de ellos enfermaban de fiebres o pie de trinchera. Es decir, unas condiciones higiénicas de mierda que tiraron por la borda todo el romanticismo inicial que había envuelto, irónicamente, a este conflicto y que había lanzado a la guerra a miles de jóvenes sin apenas pestañear.

Por no hablar de la inexistencia de duchas o mudas de ropa: «No puedes lavarte, ya que el agua tiene que ser traída desde una milla de distancia». Los soldados se veían obligados a remendar una y otra vez su *outfit* y a lavarlo en el agua embarrada que se acumulaba al fondo de las trincheras o en los agujeros en el terreno consecuencia de los obuses. En días de intensa lluvia, esa agua embarrada y helada les llegaba hasta las rodillas, haciendo muy difícil caminar por las trincheras o descansar un rato sin entrar en proceso de congelación. El problema del agua limpia era tal que hasta evitaban lavarse la cara con tal de no pillar alguna infección. Las duchas eran inexistentes, y las letrinas, escasas e inmundas, pues la mayoría aliviaba sus necesidades en el mismo sitio donde había puesto el culo; y no por vaguería o pereza, es que moverse por un pasillo embarrado de un metro de ancho saltando por encima de tus compañeros no era fácil, y como fuese una urgencia, te lo hacías encima antes de llegar a la letrina de turno.

La demacrada imagen que daban era desoladora, intensificada por los ánimos, que no estaban de sábado noche y que los soldados manifestaban así en su correspondencia: «Un olor infecto se nos agarra a la garganta al llegar a nuestra nueva trinchera, a la derecha de los Éparges... Nos encontramos con que hay lonas de tiendas de campaña clavadas en los muros de la trinchera. Al alba del día siguiente, constatamos con estupor que nuestras trincheras están hechas sobre un montón de cadáveres y que las lonas que han colocado nuestros predecesores están para ocultar a la vista los cuerpos y restos humanos que allí hay». Dormir junto a los cadáveres de tus compañeros de pelotón, rodeado de barro helado, con ratas rechonchas por haberse dado un festín de carne humana corriendo sobre tu cabeza y pillar piojos sí o sí (se estima que el 95 % de los militares ingleses los sufrieron), no tuvo que ser ese ideal romántico de la guerra que muchos tenían en sus ingenuos pensamientos.

BICHO MALO NUNCA MUERE...

... porque Hitler burló a la muerte en varias ocasiones durante su estancia en las trincheras de la

Gran Guerra. Allí fue a parar de manera voluntaria cuando estalló el conflicto, como muchos otros que no habían tenido una juventud fácil y habían sido engañados con el romanticismo del conflicto.

Adolfito vivió una infancia y una adolescencia un tanto complejas. Su padre no le dio otra cosa que palos, su madre no lo apoyó nunca en su intención de dedicarse a la pintura y dejó los estudios sin haber obtenido título alguno a los dieciséis años. Es cierto que intentó entrar en la Academia de Bellas Artes de Viena en varias ocasiones, pero ante el fracaso más absoluto, decidió ir trabajando de lo primero que le saliese y trasladarse lo antes posible a su Alemania querida. Vagabundeando por Múnich, se desató la guerra y no dudó en lanzarse a la misma como voluntario, cayendo en un batallón de las fuerzas terrestres del frente occidental y con la misión de ser, ojo al dato, mensajero. Su día a día se basaba en ir de la retaguardia hasta el frente llevando mensajes o instrucciones de los altos mandos. Y ¿qué caminos o vías utilizó para ello? Pues las trincheras, claro. Así que, aunque deprisa y corriendo todo el santo día, vivió la estancia en estos caminos excavados de primera mano y esquivó la muerte hasta en tres ocasiones. Primero le rozó una granada y resultó herido, después más de la mitad de su regimiento murió, pero él continuó vivito y coleando, y ya hacia el final de la guerra se quedó ciego por una semana a consecuencia de un ataque de gas —qué irónico—. El caso es que tener una flor en el culo y echarse unas cuentas carreras al día le valieron la doble condecoración con la Cruz de Hierro y un poso tremendo en su ideología radical.

SUERTE ERA VIVIR EN UNA TRINCHERA Y NO PILLAR ALGÚN BICHO

A todo esto, solo he mencionado por encima el tema de las enfermedades a las que se enfrentaban y que causaron la muerte de muchos de los combatientes. Toca ahora profundizar en ellas, pues fueron consecuencia también de la insalubridad reinante. Una de las más comunes y directamente relacionada con el barrizal en el que pasaban los días fue el «pie de trinchera», una patología que aparecía tras la inmersión continuada de las extremidades inferiores en lodo o agua que se encontrase a menos de 10 °C, una situación muy común para los soldados en las trincheras. Los primeros síntomas, que daban la cara en forma de entumecimiento y escozor, aparecían tras una exposición de más de doce horas a estas condiciones, y si se pillaba a tiempo, en un par de días con antiinflamatorios y los pies en alto estaba solucionado. Claro, para un soldado que debía estar días en una trinchera no era tan fácil, por lo que la enfermedad evolucionaba hacia la hinchazón, el cambio de color de la piel e incluso las heridas, produciendo con suerte gangrena y en muchos casos la muerte. Un desenlace similar tuvieron aquellos soldados que sufrieron la llamada «fiebre de las trincheras», que, como su propio nombre indica, atacaba a partir de procesos febriles muy fuertes, cefalea y dolores musculares que, ojito, se transmitían a través de los piojos (no nos abandonarán nunca). Al parecer, los primeros casos vieron la luz en las trincheras británicas hacia 1915, aunque se trata de una enfermedad más antigua, que contagió a aproximadamente 500 000 soldados ingleses a lo largo de toda la contienda.

Y pongo punto y aparte para cerrar el capítulo con la última y quizá más importante de las enfermedades que me gustaría destacar: la «locura de trinchera». Un trastorno mental que ya se había identificado en otros conflictos como la anteriormente citada guerra civil estadounidense, pero que, mezclada con la inmundicia en la que vivieron nuestros protagonistas, no es de extrañar que cobrase protagonismo durante la Gran Guerra. Miles de soldados volvieron del frente totalmente idos de la olla, con la salud mental hecha añicos y en literal estado de *shock* (*shell shock*). A la dureza histórica de la guerra se añadía la crudeza armamentística y estratégica de la Primera Guerra Mundial, en la que los militares aguardaban jornadas infinitas a que el enemigo cargara contra sus trincheras haciendo uso de obuses y metralla o a que el oficial al mando diese el aviso de salir en modo suicida a la tierra de nadie mientras te acribillaban miles de balas. Cuando un soldado entraba en ese estado de *shock* o desarrollaba cierto trauma, enseguida era acusado por sus oficiales de cobardía y falta de coraje, pudiendo ser culpado de fingir con el único propósito de abandonar el frente o incluso de deserción.

Lo curioso de todo esto es que, a pesar de las duras condiciones de vida a las que estuvieron expuestos los combatientes en la Primera Guerra Mundial, las trincheras no desaparecieron del escenario bélico internacional, sino que se asentaron y desarrollaron como una de las mejores tácticas de defensa y ataque en un conflicto armado. Desde la guerra civil española, pasando por la Segunda Guerra Mundial y la más actual guerra en Ucrania, las trincheras siguen constituyendo el hábitat natural del soldado. Da igual lo dura que sea su ocupación, las penurias que vivan en su interior o la mugre que los rodee, el objetivo de permanecer en ellas es la supervivencia.

12

ALGUNA MARRANERÍA HISTÓRICA EXTRA EN FORMA DE ANÉCDOTA

A ESTAS ALTURAS DEL LIBRO, ESTARÉIS MÁS QUE CURADOS DE ESPANTO. PERO POR SI TODAVÍA QUEDAN MOTIVADOS POR LA SALA CON ANSIAS DE ALGUNA QUE OTRA HISTORIA INMUNDA Y REPELENTE, AQUÍ OS DEJO UNA SERIE DE ANÉCDOTAS DE ESAS QUE MERECE LA PENA LEER, AL MENOS, UNA VEZ EN LA VIDA.

CARLOS II DE INGLATERRA, EL PELUCAS

Aunque hubiera sido más que adecuado otorgarle el sobrenombre de «el Pelucas», en realidad fue conocido en su momento como «el Alegre Monarca». Carlos II de Inglaterra (1630-1685) ha sido uno de esos reyes que cayó en gracia en su tiempo y gustó a la historiografía posterior, que lo ha calificado tradicionalmente de amigable y encantador (igualito al de ahora, vaya, que se inauguró en el trono casi declarando la guerra a su pluma estilográfica por manchar sus reales dedos). Y es que hasta el reciente entronizado monarca, él fue el último *Charles* en portar la corona de Reino Unido, protagonizando la segunda mitad del siglo XVII. Transcurridos dos años desde la muerte de Oliver Cromwell (1658), se restauró en territorio británico la figura del monarca en la persona del citado Carlos II, proclamado en aquel momento como rey de Inglaterra e Irlanda, porque de Escocia ya lo era desde 1651.

Pilló el título con ganas y trabajó con ahínco promoviendo el arte, la ciencia y la cultura (llegó incluso a permitir que las mujeres interpretasen los papeles femeninos en el teatro), tres disciplinas que le producían un enorme placer, el cual satisfacía del todo con las mujeres. Poco pudo hacer al respecto su esposa, Catalina de Portugal, que tuvo que soportar cómo catorce de los *taitantos* hijos ilegítimos de Carlos eran reconocidos oficialmente. Pero este hecho era algo bastante común en la época, por lo que quizá le resultó más incómodo tener que ver cómo su marido portaba de manera regular una peluca de largos rizos realizada, entre otros lustrosos materiales, con vello púbico de sus amantes.

Al parecer, dicha obra de arte capilar comenzó a realizarse antes de la restauración monárquica en Reino Unido, cuando el rey aún vivía exiliado en Francia y frecuentaba la corte de Luis XIV, que ya sabemos todos de qué pie cojeaba… Allí tomó la costumbre de arrancar a sus concubinas unos cuantos vellos de sus partes más íntimas (no sabemos si antes o después del acto), una tradición que tuvo su continuidad una vez que el monarca se estableció en territorio inglés. Imaginad la cantidad de encuentros extramatrimoniales que tuvo, que llegó un punto en que la peluca contenía tanta vellosidad que pesaba demasiado para poder ser portada. Fue entonces cuando Carlos II tomó la decisión de donarla a su *bestie* de fiestas, el conde de Moray, que a su vez, y mostrando un gran entusiasmo por el presente real (véase la ironía), lo cedió a un club de caballeros escoceses que se reunían periódicamente en el pub The Beggar's Benison para celebrar algo muy básico, su virilidad. Oye, y parece que causó sensación, porque allí estuvo hasta 1775.

¿Quién le va a curar a María Leonor de Brandeburgo el corazón partío?

Quizás este personaje os suene mucho más por ser la progenitora de la célebre Cristina de Suecia; sin embargo, ha pasado a la historia por ciertas actuaciones bastante más gore y tétricas que dar a luz a una hija (y mira que le costó tenerla). Pero no vamos a empezar criticando tan pronto sus malas costumbres. Procedamos primero a presentarla como es debido.

María Leonor de Brandeburgo nació en el año 1599 en la capital de Prusia Oriental, Königsberg, y desde bien jovencita fue pretendida por el heredero sueco al trono, Gustavo Adolfo. A pesar de la negativa de su hermano, el príncipe Jorge Guillermo, a que la boda entre ambos se llevase a cabo, tuvo el apoyo de su madre, quien la llevó en secreto a la ciudad de Wismar para que una comitiva sueca la pudiese recoger y trasladar hasta el lugar del casamiento. Esto aconteció en Estocolmo un bonito día de noviembre de 1620 (bueno, no tengo ni idea de si fue bonito o no, entiendo que solo con ausencia de lluvia ya se puede considerar agradable para los suecos), y desde ese momento parece que fueron felices y comieron perdices, profesándose gran amor y cariño. Les costó un poco ser papis y, tras la muerte prematura de su primera hija (Cristina Augusta), tuvieron una segunda, Cristina (esto de la originalidad...), la futura reina de Suecia.

En trece años de matrimonio, Gustavo Adolfo tuvo que salir continuamente del lecho matrimonial para hacer frente a las diversas campañas militares en las que su reino andaba liado y aquello era algo que María Leonor no llevaba demasiado bien. Por ello, en 1631, durante una de las largas operaciones acometidas por parte de Suecia en la guerra de los Treinta Años, decidió que acompañaría a su marido a la ciudad de Maguncia. Y válgame Dios qué mala suerte, al rey le sobrevenía la muerte un año más tarde en la ciudad de Lützen. Podéis imaginar el drama que se montó. No solo porque la reina cayó sumida en una profunda depresión, algo que se venía venir, sino porque además no permitió que nadie la separase del cuerpo inerte de su marido, retrasando el entierro durante varios meses. Cuando por fin consiguieron dar real sepultura al monarca, su cadáver ya no contenía un órgano de vital importancia, el corazón. Parece ser que la reina viuda lo había mandado embalsamar y colocar dentro de un cofre de oro que estuvo colgado durante un largo periodo de tiempo sobre la cama que compartieron los tortolitos. Si eso ya os parece macabro, esperad, que viene lo peor. A partir de ese momento, obligó a su hija Cristina a que durmiese con ella y con el trocito de padre que colgaba sobre ambas, todo muy agradable.

Ciertamente, la relación entre madre e hija nunca fue demasiado sana, más que nada porque María Leonor pudo sufrir depresión posparto, ya que ansiaba tener un hijo varón y llegó a tratar a su heredera como tal. Por consiguiente, que la reina metiese a la pequeña en su lecho por las noches y con el percal antes descrito, llevó al gobierno del reino, que ya andaba calentito con la señora por su comportamiento y excentricidades, a quitarle la «custodia» de Cristina y separarla de ella completamente en el año 1636. Sumida en una profunda melancolía que nunca pudo superar, María Leonor terminó llevando una vida de aislamiento a medio camino entre el que había sido su reino, Dinamarca y Prusia, para finalmente fallecer en marzo de 1655, cuando contaba con cincuenta y cinco años.

El lujo de cagar donde y cuando te plazca.
Por Enrique VIII de Inglaterra

Es tan abundante la cantidad de anécdotas (graciosas y no tanto) que a lo largo de los siglos han contribuido a dar forma histórica a la figura de Enrique VIII (1491-1547), que esta que os voy a contar quizá no sea de las más categóricas, pero desde luego que es de las más mugrientas y malolientes.

Como cualquier rey que se precie, Enrique contó desde su llegada al trono con un grupo de «caballeros de cámara», una especie de «amigos» de quita y pon que recibían un salario por merodear en todo momento alrededor del monarca y demostrar un interés fingido por sus actuaciones. Una categoría más sincera y auténtica de este grupo de caballeros fue la de los «mozos de cámara», que mantenían una relación de amistad más o menos real con el soberano y, por tanto, eran hombres de su confianza. Su trabajo consistió, básicamente, en vestir y desvestir a Enrique y montar turnos de estancia en su alcoba para que nunca se encontrara solo.

Hasta aquí, todo normal. Pero subamos un escalón más en la jerarquía de la intimidad palaciega, porque la figura más cercana al rey no era su mujer, ni su amante, ni mucho menos alguno de los destacados caballeros mencionados más arriba. El hombre que verdaderamente acompañó a Enrique VIII de Inglaterra en sus momentos más vulnerables del día fue el conocido como *Groom of the King's Close Stool*, en cristiano, mozo del «taburete», un mueble más conocido para nosotros como excusado, váter o retrete, y un puesto de trabajo creado por el propio monarca. ¿Y quién tenía el honor de ocupar este honorable cargo? Podríais pensar que el amigo pringado de turno. Pero no, no fue así, sino que hijos de nobles e importantes señores de la corte de Enrique se daban tortazos por desempeñar tal labor. ¿El motivo? Pues que no solo consistía en poner a disposición del monarca su cagadero portátil cada vez que lo necesitase y acompañarlo en el nada agradable acto, sino que aquellos que ocuparon el cargo se convirtieron en poderosas figuras de su reinado, casi secretarios reales que intervenían en temas tan importantes para el país como las finanzas. Además, el curro estaba bien pagado (qué mínimo) y llegaron a acumular numerosas propiedades y títulos nobiliarios que los convirtieron en importantes personajes de la corte.

Sir William Compton, sir Henry Norris y sir Anthony Denny fueron los tres agraciados mozos que desempeñaron tan lustrosa labor durante el reinado de Enrique VIII, y aunque el puesto desapareció con la llegada de Isabel I al trono (por ser mujer, básicamente), volvió a instaurarse con Jacobo I años más tarde.

EL CADÁVER EXQUISITO DE FELIPE EL HERMOSO

De sobra son conocidas las obsesivas pretensiones del yernísimo de los Reyes Católicos al trono de Castilla, como también son de sobra célebres las ganas que tenía de quitarse de encima a su esposa, la futura Juana I de Castilla. Por lo que no es de extrañar que se pegase el fiestorro padre finalizada la celebración de las Cortes de Salamanca y Valladolid de 1506, en las que, tras la muerte de su suegra, Isabel la Católica, y duras y largas negociaciones con su suegro, no solo conseguía ser jurado como rey de Castilla, sino que su hijo fuese reconocido como príncipe heredero, que Fernando se retirase, vencido, a sus territorios en Aragón y que su esposa y legítima reina fuese perdiendo derechos, como el de firmar los documentos oficiales del reino o poder ver a su padre cuando este visitase Castilla. Incluso se puso sobre la mesa la posibilidad de su encierro en una fortaleza, porque la loca era ella.

Aunque esto último se le resistió al ya rey Felipe, bastante consiguió durante la celebración de estas Cortes, así que decidió que se tomaba unos meses sabáticos para disfrutar de su reciente nombramiento. Y no de relax, sino de banquetes, cacerías y fiestas con sus *bro* todo el día. Durante una de esas jornadas, bien entrado ya el mes de septiembre, salió el monarca a pasear por los alrededores de Burgos, almorzó una copiosa comida en el castillo de la citada ciudad y dedicó la tarde a jugar a la pelota con algunos miembros de su guardia personal. Entre el esfuerzo que hizo, el agua helada que se bebió a cascoporro recién terminado el partido y el sudor de su cuerpo mal secado (después de todo lo leído, damos por hecho que no se aseó esa noche), a Felipe le sobrevinieron unas sospechosas fiebres altísimas que en poco más de una semana se lo llevaron de este mundo.

¡Qué injusta es la vida! O qué oportuno es el karma. Veintiocho años que tenía cuando murió y solo había disfrutado como rey tres meses y medio. Automáticamente, el cuerpo fue embalsamado para su mejor conservación y colocado en un ataúd de plomo recubierto de madera que se ubicó en la burgalesa Cartuja de Miraflores. Pero el testamento que había dejado el monarca indicaba que su corazón debía ser trasladado a Flandes, mientras que su cuerpo debía ser enterrado en Granada. Es decir, la fiesta no había acabado para Felipe y en la Navidad de 1506 la reina Juana, loca ella, decide sacar a su marido de la Cartuja e iniciar viaje a Granada, tal y como él deseaba. Movilizado el cortejo fúnebre, da comienzo la excursión que, curiosamente, no sigue una ruta clara hacia la ciudad nazarí, sino que da tumbos por diferentes rutas castellanas que no terminan de ser las adecuadas para llegar al ansiado destino. Además, la reina va encinta y se pone de parto a la altura de Torquemada, donde nace su sexta hija, Catalina, y donde permanece todo el cortejo durante cuatro meses (os recuerdo que el cadáver de Felipe lo llevan a cuestas, menos mal que en ataúd de plomo).

Puestos de nuevo en marcha, continúan dando tumbos por Hornillos de Cerrato (Palencia), Tórtoles de Esgueva, Santa María del Campo, Arcos de la Llana (Burgos) y Tordesillas (Valladolid), con epidemias de peste pisándoles los talones y un muerto que se descomponía y no encontraba descanso. ¿Qué se supone que estaban haciendo? ¿Había perdido Juana definitivamente el juicio? Bueno, pues de eso nada, al parecer la reina estaba siguiendo una estrategia bien estudiada para mantenerse el máximo de tiempo posible en ruta, conservando su estado de viudez y evitando el encuentro con su padre. Algo que no pudo esquivar durante su estancia en Tórtoles. Allí, Fernando intentó forzarla a que abandonase su misión, puesto que su principal objetivo era que se volviese a casar. Pero ante la insistencia de Juana y su puesta en marcha de nuevo, el rey Católico vio las cosas claras y el momento oportuno para poner de manifiesto la supuesta locura de su hija y declararla incapacitada para gobernar Castilla. Así las cosas, la reina y su pequeña Catalina fueron trasladadas a Tordesillas y acomodadas en el palacio de la localidad, donde Juana permaneció por cuarenta y seis años, porque estaba tan loca que mejor que no pisase la calle...

Según Felipe V, cortarse las uñas trae mala suerte

Antes de empezar esta minisección, vamos a ser francos. En torno a la figura de Felipe V (1683-1746) han surgido multitud de historias muy exageradas, lo que no quita que el hombre estuviese un poco ido de la olla. Pero en serio, hay afirmaciones sobre su conducta y actos que nos llevarían a considerarlo como una persona totalmente demente que mejor hubiera estado encerrada en un psiquiátrico que reinando España. Y es que se ha dicho de él que se creía rana y de cuando en cuando actuaba como tal; que confundía a los caballos bordados en los tapices de palacio como reales e intentaba montarlos; que, angustiado en la madrugada, solía convocar a su consejo para no sentirse solo; que se autolesionaba a base de mordiscos; que llegó a pegar a su segunda esposa, la reina Isabel de Farnesio, o que vestía a diario una única camisa, pues sospechaba que el resto de su ropa estaba envenenada. Dormía de día y trabajaba de noche, casi no comía y estaba obsesionado con su propia muerte. Bueno, y con el sexo, pero eso no nos debe extrañar demasiado en un rey español, ¿no? Por todo ello, que se dejase crecer las uñas de manos y pies sin control, porque si se las cortaban le sobrevendrían todos los males del mundo, y no prestase nada de atención a su higiene personal, es casi lo de menos.

Está claro que algo le pasaba a este nuestro primer Borbón, porque ya en 1702 uno de los nobles que lo acompañaron desde Francia y que se convertiría en su secretario, el marqués de Louville, dijo de él que era «un rey que no reina y que no reinará jamás». Depresión, trastorno de la personalidad, delirios, manías, problemas psiquiátricos que lo llevaron a descuidar muchísimo su aseo diario. El olor que desprendía el monarca debió ser insoportable porque no se cambiaba de ropa durante meses, no consentía ser aseado por nadie y él mismo no lo iba a hacer. Además, tampoco permitía que le rasurasen el vello corporal, le cortasen la cabellera o las uñas de pies y manos que, según testigos, se le enroscaban de lo largas que las tenía y llegaron a imposibilitarle el caminar, ya que no podía calzar zapato alguno y realizar el movimiento del pie con naturalidad. Para terminar con este percal, debemos sumar que el rey tenía fobia a los médicos, ya que consideraba que lo iban a envenenar, así que poco podían hacer por él los entendidos del momento, más que diagnosticarle achaques continuos de «vapores» malignos.

El verde isabelino. Un color que no pasa de moda

Espero que no estéis demasiado familiarizados con este color porque, de ser así, queridos lectores, permitidme que ponga en duda vuestra higiene personal. Y perdonad mi atrevimiento, pero es que desde el siglo XVI el verde isabelino ha estado asociado tanto a la falta de aseo íntimo como de lavado de las vestimentas. Si queréis haceros una idea más cercana, sería una tonalidad entre el marrón y el verde, muy sutil pero incrustada con esmero en las de color blanco, sobre todo en las camisas que nuestros antepasados utilizaban a modo de ropa interior y en las lechuguillas que tan de moda estuvieron durante el Siglo de Oro español.

Ahora bien, ¿de dónde viene la denominación de «isabelino»? Pues de tres personajes históricos muy destacados que compartieron nombre y falta de lavado; Isabel I de Inglaterra, la infanta española y gobernadora de los Países Bajos Isabel Clara Eugenia y la protagonista del loco siglo XIX español, Isabel II. Algunas fuentes se han empeñado en incluir en este grupo de «Isabeles» a la Católica; sin embargo, los mitos en torno a su falta de higiene han sido ampliamente desmentidos, por lo que muy a pesar de muchos queda descartada como representante del color verde que nos ocupa.

Empecemos con Isabel I de Inglaterra (1533-1603). A ella se asoció este color por un hecho muy concreto, vinculado con las largas horas que llegaba a pasar cabalgando. Debido a ello, cuando desmontaba del caballo, el sudor, la ropa no demasiado limpia y su propia falta de aseo dotaban a la montura de un nuevo color fruto de la suciedad acumulada. En el caso de la hija de Felipe II, Isabel Clara Eugenia (1566-1633), la leyenda se vincula a una promesa que la propia infanta realizó cuando en el año 1601 los Países Bajos, en el contexto de la guerra de Flandes, se levantaron en armas contra la Corona española por el alto cobro de impuestos y las imposiciones religiosas a las que estaban sometidos. La infanta, que había recibido estos territorios como dote por su matrimonio con el archiduque Alberto, juró que no se cambiaría de camisa hasta que la sitiada ciudad de Ostende (Bélgica) fuera recuperada por los tercios españoles. El caso es que la «reconquista» duró más de lo esperado y no fue hasta 1604 cuando se finalizó. Imaginamos que Isabel Clara Eugenia cumplió lo prometido y que fruto de esa falta de cambio de *outfit* su blanca camisa se tornó de un verde mohoso. Nos queda, por último, el caso de la protagonista del siglo XIX español, la reina Isabel II. De ella se ha hablado tanto, y no siempre bueno ni cierto, que afirmar que sufría hidrofobia, esto es, miedo al agua, es demasiado atrevido. Ello se debe a que las malas lenguas del momento decían que la reina no se aseaba todo lo que debía y que los cuellos de sus camisas blancas se veían de un color más cercano al verde o marrón que al propio blanco. Yo no pongo en duda estos testimonios, pero de ahí a afirmar que sufría hidrofobia, cuando fue la encargada de poner de moda los baños de ola en el Cantábrico, me parece demasiado.

Jacobo I de Inglaterra. Solo la puntita

Voy a ir directa al grano. Si tuviéramos que nominar a los *royals* europeos para una entrega de premios al más guarro o guarra del Viejo Continente, deberíamos incluir, sin lugar a dudas, al primero de los Estuardo en reinar sobre Inglaterra, Jacobo I (1566-1625). Básicamente, porque sentía tal aversión al agua que evitaba todo contacto con ella y solo consentía que un paño humedecido limpiase la puntita de sus reales dedos. Chimpún, esa era toda la higiene personal que el monarca iba a seguir.

No obstante, Jacobo, que también era VI de Escocia, podría ser igualmente nominado a los premios al *royal* más rarito de la historia. Y para que os hagáis una idea de su apariencia física y algunas de sus extrañas costumbres, basta con leer las descripciones que sus contemporáneos hicieron de él. Para empezar, tuvo que sufrir algún tipo de malformación en las piernas que le impedía caminar correctamente; sus contemporáneos las describen como cortas y arqueadas y aseguran que le obligaban a caminar apoyado en los hombros de dos cortesanos y a montar la mayoría del tiempo a caballo. De sus modales personales nada bonito se dice, porque incluso empeoraban cuando bebía agua, ya que tenía una lengua tan larga que le impedía ingerir líquidos con normalidad y lo ponía todo perdido. Controlaba de manera minuciosa su dieta, pero el *drinking* que no se lo tocasen. Además, gustaba de pasar horas y horas dando la chapa a sus parlamentarios ingleses, algo que no creo que fuese muy del agrado de estos últimos. En definitiva, que la cosa estaría muy reñida entre nuestro Carlos II de Austria y Jacobo I de Inglaterra.

La higiene menstrual en época victoriana

Aunque todavía quedan muchos tabúes en torno a la prima que, regularmente o no, viene a visitarnos todos los meses, está claro que las mujeres hemos alcanzado en la actualidad cierta normalización de nuestra regla e incluso logrado algunos derechos. Pero para las féminas de la Inglaterra del siglo XIX la cosa no fue tan fácil.

La época victoriana, conocida así por tener a la reina Victoria (1819-1901) en el trono inglés, supuso para los británicos el apogeo de la industrialización y del imperialismo. En cierto modo, una etapa de progreso que no se vio repercutido en una mejor consideración social de la mujer o en un avance de sus derechos y que estuvo anclada durante décadas en la expresión *morals and manners*. En este contexto, los estrictos roles atribuidos a las mujeres de cualquier clase social hacían que el tratamiento de la sexualidad y de su salud menstrual fuese algo totalmente vetado, de lo que mejor ni hablar, pero ni siquiera entre ellas. Tan tiquismiquis se pusieron que está demostrado que muchas mujeres sufrieron trastornos psicológicos por no saber cómo afrontar las relaciones sexuales o su propia menstruación. Pero ¿qué podemos esperar? Si ya desde pequeñas les advertían en sus casas de que la regla las haría todavía más débiles que los hombres y podría provocarles crisis nerviosas y cambios de humor bruscos. Es decir, las hormonas hacían su trabajo, pero ellas se volvían locas…

Imaginad, pues, cómo sería vivir una semana al mes menstruando si además todo lo que se escribía en aquella época sobre el aparato reproductor femenino consideraba a la regla como una enfermedad que podía derivar perfectamente en problemas mentales, y llevaría a la mujer a decir cosas sin sentido, a chillar o a llorar sin razón alguna. Vamos, leo yo esto y vivo acojonada cada vez que se acerque la fecha. Pero lo peor pasaba por intentar guardar algo de higiene íntima durante el sangrado, que no podía ser visto en público al considerarse vergonzoso y nada puritano. Para ello se colocaban en la entrepierna desde paños gruesos doblados que sujetaban a la cintura con cuerdas, hasta esponjas de mar (que les producían roces y heridas), enaguas negras o lana de oveja; en el peor de los casos, nada de todo esto valía si no tenían los medios necesarios para costearlo, por lo que el día a día se tornaba muy complicado para aquellas mujeres.

Vamos a quedarnos con que podían hacer uso, al menos, de paños doblados. ¿Cómo los lavaban si la sangre no podía ser vista ni de refilón? Bueno, esto era fácil porque pocos hombres, por no decir ninguno, asomaba el morro en las piletas y lavaderos públicos a los que iban las mujeres y en los que se creaba un espacio seguro para poder lavar estos trapos tan íntimos. Eso sí, había que dejarlos bien limpios y sin ninguna mancha de sangre para poder colgarlos a secar, que si no se escandalizaba el personal.

EL ORIGEN DEL PAPEL HIGIÉNICO. EL OBJETO MÁS CODICIADO DURANTE EL COVID-19

¿Qué se nos pasó por la cabeza a los españoles para arramblar con todo el papel higiénico del país durante los primeros días de la pandemia del covid-19? Vale que limpiarse el culo es importante, pero quizás, si echamos la vista atrás en la historia, podamos encontrar una respuesta más coherente a este comportamiento humano sin sentido. Porque el papel tisú en forma de rollo y destinado a limpiarnos nuestras partes más íntimas no se inventó hasta la segunda mitad del siglo XIX y hubo que esperar al término de la Segunda Guerra Mundial para su descatalogación como objeto de lujo y su comercialización a todas las escalas sociales. A España, de hecho, los primeros ejemplares llegaron en los años 50 del siglo pasado y con un elefante dibujado en los rollos.

Hasta ese momento, ¿qué utilizaron nuestros antepasados para dejar limpito el pompis? Bien, el catálogo de objetos es bastante amplio. Los antiguos egipcios y los habitantes de Mesopotamia ubicados en un escalón social alto disponían de esclavos a su servicio con palangana en mano para poder asearse al finalizar las funciones intestinales; los griegos de la Antigüedad parece que iban sobrados de cerámica, pues utilizaban trozos de esta para limpiarse el trasero; y en la antigua Roma, como ya sabréis por el capítulo dos de este libro, utilizaban una esponja natural atada a un palo que se humedecía y se compartía, ojo. A partir de ahí, podemos encontrar piedras, hojas, trozos de tela, césped, musgo, los más recientes periódicos y hasta mazorcas de maíz (originalidad ante todo).

No suena demasiado confortable, la verdad. Por ello, en el año 1857, un señor de Massachusetts pero residente en Nueva York, que sufría tremendas y dolorosas hemorroides que no mejoraban sino que empeoraban cada vez que se limpiaba el culo con el periódico del día anterior, se plantó y decidió revolucionar el mundo de la higiene anal. Así, Joseph Gayetty (c. 1817/27-1890) es considerado el inventor del papel higiénico comercial, al que denominó «papel medicado» y que estuvo en un principio destinado únicamente a aquellos que sufrían almorranas o similares. Se vendía en Estados Unidos y únicamente se exportaba a Inglaterra, hasta que Walter Alcock primero (1879) y los hermanos Scott en Filadelfia pocos meses después le dieron una vueltecita al invento de Gayetty para pasar de las láminas de papel a los rollos. En un primer momento eran de una tonalidad algo más oscura a lo que estamos acostumbrados hoy en día y se vendían un poco a escondidas, ya que se consideraban de mal gusto y estaba peor visto comprarlos en público o exponerlos en los escaparates de las tiendas. Pero con el paso de los años y el descubrimiento social del invento, el pudor desapareció y las estanterías se llenaron de este ansiado e innovador producto.

En la actualidad, según los estudios realizados por ASPAPEL (Asociación Española de Fabricantes de Pasta, Papel y Cartón), en España consumimos de media dieciséis kilos de papel higiénico por persona al año, algo por encima de la media europea, que se sitúa en catorce kilos. Pero tranquis, que los norteamericanos se llevan el primer premio, haciendo uso de veinticinco kilos anuales de media. Está claro que pillaron el invento con ganas, y que eso de la duchita asiática como que no va mucho con nosotros.

¿Y EN LA ACTUALIDAD? ¿SOMOS TAN LIMPIOS Y PULCROS COMO PENSAMOS?

Esta pregunta daría para reflexionar durante un buen rato. La higiene personal es algo bastante subjetivo y depende mucho de la cultura y tradiciones de cada zona geográfica del planeta, si bien es cierto que, desde la pasada pandemia de coronavirus, la tónica general ha sido la de incrementar el tiempo que dedicamos a la misma y los objetos o habitáculos que nos rodean. Con todo, voy a tirar de estadísticas para que vosotros, queridos lectores, podáis hacer examen de conciencia y analizar si seguís unos correctos hábitos de higiene, os pasáis de limpios o bien os quedáis cortos.

Hace unos años (2015) se publicó un interesante estudio que recogía las duchas semanales que se daban los habitantes de diferentes países del mundo. A la cabeza, los brasileños, con nada más y nada menos que doce duchas semanales, mientras que países como Reino Unido, Japón o China se sitúan a la cola con algo menos de cinco. ¿Dónde encontramos a España? En la media mundial, siete días de la semana, siete duchas. En el tema de la higiene bucal, casi mejor que ni me meto. Pero hay una parte de la limpieza del hogar que en algunos países europeos brilla por su ausencia y que influye de lleno en el mantenimiento de nuestra higiene corporal: el cambio de sábanas. En 2020 se realizó una encuesta a más de dos mil personas de Reino Unido sobre el tema y una de cada tres reconoció cambiar la ropa de cama únicamente ¡una vez al año! ¡Santo Dios! Con la de ácaros, células muertas y restos de productos para la piel que se acumulan ahí... A mí que no me inviten a dormir... Algo similar pasa con los pantalones: dos de cada diez admitieron que pasaban por la lavadora anualmente. Sin embargo, son gente de contrastes, porque la mayoría reconoce que las toallas, una vez usadas tras la ducha, van directamente a lavar.

Y estas son solo algunas de las estadísticas que se llevan realizando en las últimas décadas sobre la higiene personal. Unas encuestas que quizá irán cambiando con el paso del tiempo si tenemos en cuenta la gran cantidad de investigaciones que se realizan anualmente acerca de los riesgos de un lavado excesivo de la piel o del cabello.

Yo solo os recuerdo que dicen por ahí que la historia es cíclica y se repite, por lo que no descartaría que algunas de las prácticas higiénicas citadas a lo largo de este libro causen de nuevo sensación en unos años.

Glosario

Por si alguna de las apestosas palabrejas de este libro no te han quedado muy claras

— Ablución: acción de ponerse a remojo y lavar tu cuerpo. Para algunas religiones se contempla justo antes de la oración.

— Aguamanil: jarrón con un asa y boca en forma de pico que se usaba para verter el agua sobre una palangana y proceder a lavarse las zarpas.

— Bacín: orinal alto con una o dos asas que se ha usado desde la Antigüedad para recoger el pis o los excrementos de las personas. También significa «persona despreciable por sus acciones», pero eso nos interesa menos.

— Cloaca: conducto por donde discurren las aguas residuales, es decir, una alcantarilla.

— Galeno: término medieval para referirse a los médicos. Muy de moda tras la publicación y puesta en valor de los tratados realizados por Claudio Galeno.

— *Garderobe:* retrete o habitáculo privado del cual se podía disfrutar ocasionalmente en la Edad Media.

—JERGÓN: sucedáneo de colchón hecho con paja, esparto y otras hierbas. Todo un lujo para muchos habitantes del pasado.

—LIENDRERA: peine milenario de púas muy finas y juntas que se usa y se usó para eliminar las liendres y piojos de la cabeza.

—LUMBRE: popularmente, fogata que se utilizaba para calentar un hogar o cocinar.

—*PEDICULUS:* básicamente, piojos.

—TEREBINTO: árbol de pequeñas dimensiones característico del Mediterráneo occidental, pero que se extiende también por Grecia y Turquía. Pertenece a la familia de las anacardiáceas.

—*TERSORIUM:* especie de escobilla del váter que usaron los romanos en las letrinas públicas de sus ciudades. Está compuesta por un palo de madera al que se ataba en una punta una esponja marina.

—*TOILETTE:* además de «aseo» en francés, rutina de cuidado e higiene íntima que siguieron las mujeres de la aristocracia y la alta burguesía en el siglo XIX y posterior.

—VERDE ISABELINO: color entre el gris y el verde oscuro que puede tomar la ropa blanca cuando no la lavas con la frecuencia que deberías.

—ZAMARRO: dícese del hombre que es tosco, rudo y poco aseado.

BREVE BIBLIOGRAFÍA FINAL POR SI TE HAS QUEDADO CON GANAS DE MÁS

Ariès, P. (2005). *Historia de la muerte en Occidente*. El Acantilado.

Bryan, C. P. y Smith, G. E. (2021). *The Papyrus Ebers: Ancient Egyptian Medicine*. Lushena Books.

Desroches Noblecourt, C. (1999). *La mujer en tiempos de los faraones*. Editorial Complutense.

Fika, M. L. y Fernández, B. (2017). *Historia de la higiene y algo más*. Editorial Académica Española.

Guereña, J.-L. (2012). Urbanidad, higiene e higienismo. *Áreas. Revista Internacional de Ciencias Sociales* (20), 61-72. Recuperado a partir de https://revistas.um.es/areas/article/view/144661.

Guerrand, R. H. (1991). *Las letrinas. Historia de la higiene urbana*. Institució Alfons el Magnànim.

Laporte, D. (1998). *Historia de la mierda*. Pre-Textos.

Moreno-Martínez, F. J., Gómez García, C. I. y Hernández-Susarte, A. M.ª (2016). Evolución histórica de la higiene corporal: desde la edad antigua a las sociedades modernas actuales. *Cultura de los Cuidados* (edición digital), 20(46). Disponible en: http://dx.doi.org/10.14198/cuid.2016.46.11

Rodríguez, I. (trad.) (2016). *Galeno. Sobre la conservación de la salud*. Ediciones Clásicas.

Sabaté, F. (2011). *Vivir y sentir en la Edad Media*. Anaya.

Vigarello, G. (1991). *Lo limpio y lo sucio: la higiene del cuerpo desde la Edad Media*. Alianza Editorial.

Werner, F. (2013). *La materia oscura: Historia cultural de la mierda*. Tusquets.

AGRADECIMIENTOS

Cómo no empezar por la pedazo de artista que ha dado la pincelada visual a este libro. Mi madre, Isabel, gracias por acoger este proyecto con tanta ilusión y acompañarme en el mismo desde la parte más creativa. Aunque la ilustración no era la forma de expresión artística con la que más a gusto te sentías, has demostrado que por una hija se adapta una a lo que sea y el resultado no ha podido ser mejor.

Gracias también por la labor de lectura en profundidad que junto a papá y maridín habéis hecho. En realidad, os podéis considerar unos privilegiados por haber leído *Esta historia apesta* en primicia.

Gracias también a mis compañeros de instituto por el interés y apoyo continuo que me han mostrado a lo largo de todo este proceso, así como con alguna que otra traducción. Y por supuesto a mis editoras, Olga e Isabel (no mi madre, es que hay muchas Isabeles en mi vida), que siempre han estado al otro lado de la pantalla guiándome con sabiduría y experiencia. Porque, no lo vamos a negar, empecé como una auténtica novata en esto de escribir libros. Ahora acabo como con la L de novel y ganas de más.